Lessons
of Loss
A Guide
to
Coping

走 在失落的幽谷

Robert A. Neimeyer 著　林綺雲、李玉嬋 校閱　章薇卿 譯

悲 傷 因 應 指 引 手 冊

Lessons of Loss

of

Loss

A Guide

to

Coping

Robert A. Neimeyer
University of Memphis

目錄
Contents

第一部分　寫給悲傷的人

第二部分　寫給助人者

第三部分　個人資源

作者簡介

（作者和譯者的合照）

Robert A. Neimeyer, Ph.D.

Neimeyer博士是美國田納西州孟菲斯大學（University of Memphis）心理學系教授及心理治療研究主任，他在該系一直都提供著臨床服務。自1982年於內布拉斯加大學（University of Nebraska）獲得博士學位以來，他在死亡、悲傷、失落以及自殺處理等議題上不斷地完成了許多研究。

Neimeyer至今出版多達二十本書，像是 *Meaning Reconstruction and the Experience of Loss*（意義重建與失落經驗，美國心理學會出版）；*Lessons of Loss: A Guide to Coping*（即本書，走在失落的幽谷：悲傷因應指引手冊）；以及*Rainbow in the Stone*（石頭裡的彩虹），此為一部現代詩集。他所寫的文章加上為書籍所撰寫的章節，總

走^在失落的幽谷
悲傷因應指引手冊
Lessons of Loss: A Guide to Coping

計超過三百多篇。目前正致力於發展更為適切的
悲傷理論，即意義建構的過程，他的讀者以及參
加他時常舉辦的全國性及國際性專業工作坊的學
員們對此一議題應該都已有所涉獵。

　　Neimeyer是頗受重視的*Death Studies*及*Journal
of Constructivist Psychology*兩份國際期刊的編輯，
也曾是死亡教育與諮商協會（Association of Death
Education and Counseling）的主席。他曾受美國
心理學會（American Psychological Association,
ADEC）指定為「臨終議題專案小組」的成員之
一，為他們在這心理層面十分重要的區塊，執行
研究及實務計畫。在學術方面也有輝煌貢獻，曾
獲得孟菲斯大學頒發的傑出研究獎（Distinguished
Research Award），傑出教學獎（Distinguished
Teaching Award）以及卓越教職獎（Eminent Faculty
Award）；被選為國際死亡、瀕死與喪慟工作團
隊（International Work Group on Death, Dying, and
Bereavement）的成員之一；受田納西心理學會
（Tennessee Psychological Association）委任為該年
度臨床心理師；且由美國心理學會聘為他們臨床心
理部的委員；並曾獲得ADEC頒發的研究成就獎。
近年，他又獲得死亡教育與生物倫理中心（Center
for Death Education and Bioethics）所頒發的「創辦
人Robert Fulton傑出教學、研究與服務獎」。

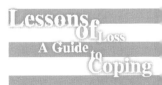

III

校閱者簡介

林綺雲

現職：國立台北護理學院生死教育與輔導研究所
教授
台灣失落關懷與諮商協會理事長
社團法人台灣生命教育學會終身會員兼理
事

學歷：東海大學社會研究所博士

李玉嬋

現職：國立台北護理學院生死教育與輔導研究所
副教授兼所長
台灣失落關懷與諮商協會常務理事

學歷：國立台灣師範大學教育心理與輔導研究所
博士

曾任：榮總、馬偕、新光等醫院專案合作之慢性
病患團體心理治療師
國立台北護理學院學生輔導中心主任
晚晴協會諮商督導
救國團義務張老師督導
台北市立蘭雅國中教師

走_在**失落的幽谷**
悲傷因應指引手冊
Lessons of Loss: A Guide to Coping

涉獵領域：慢性病患心理治療、健康諮商、人工流
　　　　產諮商、壓力因應與悲傷輔導
專長：醫療場域健康諮商、情緒管理與悲傷輔導、
　　　人際關係與生涯規劃
專業證照：諮商心理師（擅長：焦點解決短期心理
　　　　諮商取向）

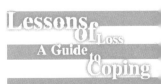

譯者簡介

章薇卿

現職：自由工作者
　　　台灣失落關懷與諮商協會監事

學歷：國立台北護理健康大學生死與健康心理諮商
　　　系所碩士班
　　　美國加州州立大學大眾傳播研究所廣告組碩
　　　士

曾任：台灣失落關懷與諮商協會副秘書長、理事
　　　國立台北護理健康大學生死與健康心理諮商
　　　系所專案研究員
　　　育幼院實習心理師／國中輔導室認輔老師／
　　　安寧病房義工／美術設計類出版品作者、季
　　　刊總編輯及編譯

涉獵研究領域：自殺心理、人工流產諮商、悲傷輔
　　　　　　　　導、青少年生育保健服務、文化與
　　　　　　　　廣告策略應用

專長：悲傷輔導、臨終關懷服務、翻譯（悲傷輔導
　　　領域）、美術設計

譯作：《走在失落的幽谷》，心理出版社，2007
　　　《見證幽谷之路》，心理出版社，2012
　　　《悲傷治療的技術》，心理出版社，2015
　　　《慢性病心靈處方箋》，心理出版社，2021

● 原 著 序 ●

Lessons of Loss: A Guide to Coping

失落是什麼？

　　我們如何瞭解失落的意義？在日常的說法，就是我們將「失落」視為一個人原來已有的東西被剝奪了（像是失去朋友），或是無法保住或獲得我們覺得有價值的東西（例如被搶劫而造成的損失），或是在物質方面或過程中有所減損（例如喪失某種能力），還有就是受到破壞或毀損（比如說因戰爭而造成的失落）。說得更清楚些，失落可以有多重意義，從上述種種基於大眾的共識而產生的定義，包括被剝奪的、無法做到的、減損的以及受到破壞的，到非常個人化的認定，甚至可能是我們生命中從過去到現在無法表達出意義的失落。

　　這本書所要談的就是對於這些失落，我們如何反應，又如何去順應。在人類的生活中，失落有很多種形式——像是死亡、疾病和殘障；或是個人的家庭、財產或事業受到毀損；或是婚姻、友誼和其他親密關係的離散。然而，儘管這些失落的樣貌變化多端，人們受到失落而產生的悲傷反應還是有其共通性。我們在此將會對於人類失落的經驗在共通的議題及挑戰上，以及一些發生方式、時間和地點較為特別的失落事件所產生的特殊問題做一探討。雖然失去所愛的人並經歷哀悼的痛楚是人生旅途上的自然現象，但它卻挑戰著我們的生存方式，讓我們感到困惑且不確定被失落痛擊後，對於無從預料的未來要如何繼續。在這本書中我所設定的目標就是對哀悼做一概括性的描述，不止對那些喪慟中的人們，也包括他們在與我們息息相關的關係中所受到的影響。同

樣重要的一部分是針對令我們產生恆久改變的重大失落,我也會討論其中的因應之道,包括深深影響著我們的生活、自身以及生活信念的資源。雖然對於哀悼的歷程,沒有任何一本書能夠提供全面有效的「地圖」給我們,我還是希望接下來的書頁中所提供的資訊與想法可以協助您瞭解並符合您自身的失落經驗,以及那些來自您想要伸出援手去幫助走在療癒之路的人們的失落。

如何使用這本書

　　大部分談論有關於悲傷及失落的書籍都只局限於兩個層面中的一個。一是那些寫給一般讀者看的,以淺顯易讀為優勢,但卻常常只有簡易且太籠統的因應模式,無法符合微妙的失落與哀悼需求,而且偶爾還會顯得太低估讀者的智慧了。另一層面則是寫給專業人士看的,其優點是有學術研究作為根基,但又顯得太學院派而無法將真實生活中的悲傷經驗傳達出來,或無法將研究結果實際應用於喪慟因應。因此,第一種書的缺點是過於呆板且充滿慣用性;而第二種的問題就是流於抽象而缺乏實際的價值。

　　對於這種兩難的情況,我的解藥就是採取中庸之道,期望既可以讓專業助人者使用,也能夠為聰明的一般讀者所接受。身為「死亡學家」(thanatologist,研究死亡與瀕死的人)、身為專門諮商喪慟者的心理學家,以及身為一個承認自己生命中也有失落的人,我均勻地運用了研究和學術、臨床經驗,還有個人以心、智所努力瞭解的悲傷中那變化微妙的失落經驗。這本書是經過淬鍊的精華,可以用做實務工具以及因應失落的指南,讓我們不再否認失落所帶來的衝擊。

　　本書的章節分為三大部分,第一部分名為「寫給悲傷的人」,介紹失落經驗,以概括性的角度剖析悲傷,以及提出問題

以探究一個人超越親友的網絡向外求援的恰當時機。這第一部分也考量到失業與因離婚或分手而引起的關係的失落,它介紹有關意義建構的概念,並就個人、社會和精神層面的意義來解釋喪慟之苦是如何超越的。由於急性悲傷所造成的劇痛更加混亂了我們對於因應失落的經驗,而這卻是最需關切的事情;因此我刻意精簡第一部分中的每一章,而用許多實際的指導方針穿插於其中,好讓讀者能夠瞭解我們是如何因應生命中的種種失落。這些章節也提供了範圍寬廣的簡短實例和說明,用以建立起喪慟經歷與概念化之間的橋樑。新近遭遇失落傷痛的讀者瀏覽完這一部分可能會覺得最為有用,注意那些章節、議題或指示,這都是最直接針對他們而寫的東西,等到覺得時機可以了,就去閱讀這本書的其他部分。助人的專業者應該也會覺得第一部分的內容很有用,一些重要主題以及與悲傷有關的發現都做成了易於閱讀的摘要。除了訊息上的價值外,這第一部分中的各章對於接受悲傷治療的喪慟中的案主來說,也可以作為支持性的讀物以及「家庭作業」。

　　本書的第二部分「寫給助人者」所包含的章節就比較長些,對於悲傷是意義重建的歷程之模式有較完整的描述,這個架構其實在第一部分已有伏筆。雖然這個意義建構歷程的用語在各理論中有所不同,但許多走在悲傷理論尖端的臨床工作者及學者都認為,不同喪慟者在他們各自的經驗中確實是這樣走過來的。第二部分的章節提供了更多真實的個案研究,並且在相近階段的悲傷模式中所遇到的瓶頸也有更多細節描述;對於失落,我們有需要更進一步去瞭解,而這裡的一些問題可能協助我們達到這方面的瞭解。更重要的是,這些章節對於如何協助悲傷的人們提供了新視野,並且在治療任務的討論上設定其階段性,而這些治療任務是對於類似問題有了新想法之後的移化。雖然這一部分所包含的概念與個案研究是就我所記得的哀傷諮商師的案子直接寫成的,

它們其實也是想要寫給那些尋求重大失落意義以及尋求宏觀角度的喪慟人士看的。因此，正如我所期望，第一部分將呈現有用的補充閱讀資料給悲傷輔導的專業人士；那麼第二部分，我便希望能為喪慟者提供一些有價值的東西。最終目的，也就是可以包含我們所有人的一種書。

最後，本書的第三部分，也就是最後一部分稱為「個人資源」，是同樣為兩種讀者而寫的。這裡的第一章（第9章）很長，詳細地將意義重建的抽象主題變化應用在十多個案例上，這可以助長我們對於因喪慟造成的身分變化有更好的洞察與接受度，促進我們對於失落的人或物有連續性與建設性的連結，而且鼓勵我們對於所愛的人有適切的懷念。這一章所介紹的很多練習都可以用來作為自助或自覺的指引，或作為哀傷諮商工作中的治療「作業」，這些練習包括寫失落日記和製作紀念書到隱喻的敘述和個人儀式的進行等。不過，我也瞭解，書中所寫的內容雖然足以幫助那些為失落而苦的人獲得極大的心理支持，但這畢竟不能取代因失落而崩潰的人再度融入社區生活所需的面對面的直接晤談。同樣的，對於哀傷諮商更新的技術來說，也沒有任何一本書可以取代其嚴謹的訓練，用以幫助那些想要精熟一套工作概念與方法的專業人士。因此，我試著提供一些可以連絡的資訊，其實有非常多的支援機構以及專業協會都有類似的諮商服務或訓練計畫，在此所列出的只是少數幾個。同時，本書也包含了各種資源名錄，介紹其他相關書籍、網站以及機構給有興趣的讀者，無論是對於喪慟的個人或專業助人者都會有所幫助。

還有一點值得一提的是有關我在後面各章所羅列的文獻格式。為使內容順暢易讀，我決定放棄一般在學術文體中引述期刊文章、書籍和章節的方式，硬把這些資訊擠進內文中；但我也認知到許多讀者，無論是非本行的或專業的人士，也可能會想知道

本書所談到一些概念想法的原始資料，或只是想利用本書作為跳板，進入更廣泛和更吸引人的悲傷與失落新模式之學術領域。對於這些讀者，我準備了許多「研究筆記」，放在每一章的最後，以提供較為詳細和適切的引用資料，這些都是跟該章內容有直接關連的主要或次要資料來源。不過，以這本書的觀點來說，我並不想使它包羅萬象、無所不有，而是希望引領讀者從書末參考書目中找尋相關學科或實用出版品，就本書所談到的許多議題獲得更為詳盡的處遇。

末了，無論您是一位在工作中遇到許多失落面貌而想要磨練個人臨床技巧和敏感度的專業助人者，或是一位生命中曾遭遇失落，正走在復原路上的人，又或兩者都是，我都希望身為讀者的各位，能夠在這些章節中找到有價值的訊息。正如所有悲傷者都有可能成為助人者一樣，所有的助人者也都會有悲傷。如果在這裡所提出的一些想法或建議，可以對您個人的失落經驗有所慰藉、同理或體悟，我身為此書作者的目標就達成了。

Robert A. Neimeyer, Ph.D.
1998年2月

致華人讀者序

　　禪宗公案記載著一位出家人有一次問曹善：「可有任何形容，無對也無錯？」曹善回答：「一朵白雲不顯醜陋。」在公案裡的解釋是說大自然是超然的，不受人類評價的影響——是什麼樣就是什麼樣，無好無壞。因此我們首先就要瞭解到人們傾向於對某些現象添加意義，無論他們對於這狀況是打算壓抑或找出口；而我們對這些特定意義的連結所吐露出自身心靈習性的種種，遠超過我們在現實面能夠抓取到的實質表達。

　　正如曹善所說的白雲那樣，死亡也是一種不受人們評價影響的東西，無所謂好壞對錯，它只是與我們生命相關的一種狀態。而這也不能夠使人們怯於用各種，無論是宗教、非宗教、科學、個人或文化的方式來建構其中意義，試圖遮掩它。本書的前提在於，對傷慟持有更實際的瞭解，才能夠較為精確地聚焦在此一面向上，這是一塊特殊意義建構與人類死亡之現實相遇的邊陲地區。任何與喪慟者接觸的專業人士都會發現，失落所造成的問題是由於框架我們生活的許多珍貴假設遭受了破壞，像是喪慟的父母想要知道他們新生兒的猝死到底是怎麼回事、一個極度痛苦的家庭想要瞭解父親自殺的理由，或一位寡婦失去因癌症而死的丈夫正嘗試重建她的生活。藉由活生生的例子、學術研究的發現以及臨床的實際經驗，我們得以瞭解喪慟的很多面向，於是當代悲傷理論在喪慟與專業的領域中提供了一些新觀點，很適合用在醫院、大專院校、安寧病房或私人機構。

　　本書的目的是希望能在華人地區對倡導這些當代悲傷理論多做努力，藉由討論最重要和最具影響力的幾個面向來為我們對失落反應的瞭解重新定義，讓我們對可預期的情緒變化階段及所愛的人之死的反應能夠有所超越並做出回應。事實上，一般最基本的議題就是在本書各章介紹中所提到的，悲傷需要我們對受到失

落挑戰的意義世界重做確認或重建。喪親者如何在喪慟的餘波中,從心靈、思緒、言談與行為上顯示出對死亡的理解與生命意義重建的過程,並藉此來做調適,就是這整本書的中心議題。

正如《走在失落的幽谷》這本書的目錄所顯示,此書是為兩種讀者而寫的。一方面是為喪慟者本身提供一些觀點和決策,好讓他們重新適應因失去所愛而永久改變的世界。由於我們都會經歷這一類的失落,在一段人生旅途之後通常累積多次,所以這部分適合很多讀者,包括任何想要在喪慟餘波中重建生活的人。當然,如果把其他一些擾人的失落事件或生命轉捩點,像是關係的消失或失去重要的工作角色等等也算進去的話,適用的讀者就更多了。另一方面,這本書也是為那些提供支持的專業人士而寫的──護士、醫師、社工、心理師──他們的工作使他們必須面對喪慟者並提供除醫療與實務工作外更多的協助。對兩種讀者來說,我在書中提供的「工具箱」範本,可讓各位有實質的方法去幫助那些自從面對失落以來「復原」得不很好並覺得悲傷總是時而大、時而小的喪慟者。

本書的中文版得以發行,要感謝台灣失落關懷與諮商協會的理事之一章薇卿小姐,她不但盡心盡力翻譯了全書,也研讀且精熟本書所提出的理論與技巧。我的思慮多次因她機敏的回饋而變得更加敏銳,為這些年來與她所建立的友誼感到榮幸。我也十分高興她與心理出版社提供了這個機會,讓我可以延伸到個人語言能力之外的地方,對世界上人口最多且最重要的族群及其專業人士完整地述說人世間的重要大事。對於人性共通的部分,我們有很多可以互相學習的地方,而我帶著謙卑與感謝的盼望,期望這本中文書的發行能夠讓我們有更深入的對話。

Robert A. Neimeyer, Ph.D.
The University of Memphis
Memphis, Tennessee, USA

● 推薦序 ●

認識Neimeyer博士最初是從他的研究,他是一位傑出的研究者,從「死亡學者」的觀點長期關注「死亡焦慮」的議題,更吸引我的是他多年鑽研喪慟輔導,以臨床心理兼研究身分所發表的對於悲傷輔導的批判。

2004年在國立台北護理學院綺雲所長的邀約下,Neimeyer來台,舉辦三天的工作坊,我有幸參加,在此分享他的個人風采與風範,以便讀者閱讀時能多一份親切感。

Neimeyer十分平易近人,工作坊開始前,他會步入聽眾席,蹲下身來,和人做出個人的接觸,毫無架子。他很重視自己的教學狀況,也有很自律的健康習慣,工作坊中間或結束後,他需要換裝跑步,調整身心,未有足夠時間帶他去爬軍艦岩是心中的遺憾。

教授悲傷輔導,他個人特色鮮明,在工作坊中完全展現個人魅力,適時運用身體的元素,如聲音、動作;以吟詩、舞台步傳達他的理念。

他的幻燈片介紹包括蒐集多幅各國有關喪慟的藝術創作,視覺上予人極震撼的效果。最難忘的是他開放地自我坦露,將12歲時父親自殺,近年老母病逝前他家族的參與,臨終擁著母親唱著兒歌的影片紀錄,坦然自在地分享,深深感動在場每一位的心靈。他在學術、實務界的領導地位,絲毫不遮蓋他為人子、為人父、為人師的充沛活力和至情至性。

結束前我向他索取滿多有關創傷後成長的文章,他如期寄來,真是一位重承諾、講究效率的老師。同年底伴我十年的狗寶貝年老病逝,我的「喪親之情」無人訴,寫了一篇哀悼文敬告親友,無意掃到他的e-mail,順便送出,不料立即收到他一封頗長的

回應，提到布希總統當選正給他沉重的失落感，而我的悼文帶來莫大安慰，讓他覺得千里外異鄉人在失落主題及終極價值上有更深的共鳴。當時他正在中南美教學，萬沒想到如此觸動的相互悲傷情懷竟因著瞭解支持，為我也留下一段特別的紀念，讓我再次感受到他是位性情中人。

　　Neimeyer自序中已將本書特色明列，誠然結合了實務、研究、理論。可貴的是他提出悲傷輔導的新方向——個人意義建構在復原歷程中的重要性，更深入淺出的舉例，從文獻舉證，讓喪慟者、助人者都能從中獲益，第三部分的個人資源，詳述了許多練習作業，非常實用，深具參考價值。

　　綺雲領軍的台北護理學院生死教育與輔導研究所近年是台灣悲傷輔導的一支生力軍，從台灣第一的「悲傷療癒花園」到今年成立的失落關懷與諮商協會，在在顯示他們這個團隊的創作和努力。薇卿多年的默默耕耘、勇敢面對、尋找自我，無疑也是一個悲創成長的代表，這本書翻譯不易，她初試啼聲，獨立完成，值得鼓勵。

　　心理出版社十餘年來在悲傷心理教科園地不斷介紹新書，我參與的已五本。Neimeyer把悲傷階段任務論又向前推進。相信這個意義建構的趨勢對有意更貼近自己悲傷經驗，尋找自我進化軌跡的大眾，或是在各個領域的助人者，都是仍在拓展的內涵。

　　也相信讀者會在Neimeyer文如其人的鋪陳中，領受到他的用心和豐富。

開　敏
2007年3月

從意義建構中看見悲傷治療的出路
──發現悲傷淚光所潛藏的意義非凡光芒

等了好久，終於見到這本令自己動容且深感合用的悲傷心理治療經典書籍的出版。尤其這是一本以心理師視域進行悲傷輔導的理論專書，足以深入個人悲傷世界啟動心靈共鳴與另一種可能性。且以此文分享我作為一位悲傷輔導治療師，在此書指引下，被啟動的悲傷共鳴與發現悲傷新意義的可能性。

這些年在台灣耕耘失落與悲傷輔導的人，大多都熟悉Kübler-Ross悲傷階段論對瀕死矛盾情緒的描述，也都運用著William Wordern的悲傷四項任務理論在協助失落者體認失落和適應悲傷。然而悲傷未必有既定階段，也往往難以痊癒走出悲傷。失落者往往不經意地遭逢悲傷的尖峰時刻，可能在數月、數年或數十年後乍然出現而追問著何以要經歷這些失落與悲傷磨難；此時，身為悲傷治療師的我，如何能夠在陪伴安慰其悲傷之際，還能以其他不同的諮商治療方式，去協助他解答因失落而產生「為什麼」生命會如此的疑問與衝擊？

本書作者Robert A. Neimeyer的悲傷意義建構論，讓我看見了我所想要的這一條與悲傷共度的心理諮商道路。

欣喜感動之際，最想引介此書翻譯成中文版本，希望在台灣既定的傳統悲傷輔導模式中，也看見另一條路。因此積極邀約本書作者Robert A. Neimeyer到台灣國立台北護理學院生死教育與輔導研究所講演；接著力邀其允諾由台灣翻譯成中文版，讓此書更可親近閱讀。

　　第一次見到Neimeyer博士其實是在2004年美國死亡教育與諮商學會（ADEC）工作坊中。在這位專精生死學的心理學家所示範的悲傷治療對話中，我訝異於他讓一個擔心自己成天以淚洗面的喪子之母，在他人只看見她深受失去之苦而難以調適之際，去看見她的眼淚其實意義非凡：眼淚不僅僅意味著追思不捨之苦，眼淚其實更代表著是她自己選擇的連結物，她選擇以眼淚來連結與表達對死去兒子的思念與愛。Neimeyer如此做，讓這位母親更放心以自己的方式去悲傷、去思念，更讓這位喪子之母發現自己其實早就創造了一種新連結方式，一直與愛子持續著深厚的連結關係，而寬慰許多。

　　Neimeyer說：「死亡是關係的轉換而非結束。」所以在悲傷痛苦中，人會修正自己的假設認知架構，承接失落所給予的當頭棒喝，而找出與失去的人重建轉換後的關係，並重視塑造自己失去部分自我後的新自我認同。所以悲傷治療不僅要去看見失落者因喪子等變化所帶來的必然失落處境，也還要試著去探詢以發現失落所造成的必然改變，尤其那可能是種對個人深具意義的新改變。Neimeyer以此示範著如何在陪伴失落者看得見悲傷之外，也能試著讓看不見的悲傷核心意義被看見。所以Neimeyer強調這是需要從個人敘說中著手，為失落的生命故事命名使之成形；也就在重新認識失落改變之前與改變之後的世界中，逐漸展現所重建出的個人化新意義架構的悲傷核心。這也等於調整了傳統悲傷輔導任務的架構，轉而看重個人化悲傷意義建構的悲傷治療工作方式。

　　因此Neimeyer在本書中，先以第一部分寫給悲傷的人，讓悲傷的點滴經驗被慎重看見。然後他在第二部分為助人者打造一套有效的悲傷理論準則與工作重點，提點著如何從面對生命極限悲慟現象的敘說方式中，引領個人建構出新的悲傷意義方式。摘述Neimeyer書中的幾項悲傷意義建構工作重點，分享我藉重以對應

生命中失落悲傷治療時的幾項重要參考角度：

1. Neimeyer提醒著死亡等失落事件會驗證著我們以生活經驗為基礎所建構的信念是否有效，可能會崩解了原有認定「生命是美好」等人生信念，而可能出現一種不曾建構過的生命故事經驗。

2. 因此在做悲傷輔導工作時，須著眼於悲傷對個人基本自我感造成的襲擊與動搖而衍生的失控不安，因而看見悲傷歷程其實是一種被迫進入深層內在自我探索以重建新架構的歷程。所以當失落別無選擇地出現時，悲傷往往是我們覺得被生命操弄卻也被驅使著加速抉擇如何回應的歷程。

3. 然而每個人是意義建構的創作者，所以悲傷就是一種確認或重建個人被失落挑戰衝擊的訊號、在為意義進行架構的行為、在衝突中找出合理化新架構來面對轉變後生命意義或人生方向。所以在聆聽個人敘說其失落過程以發展出個人生命故事大綱，可考量自我、文化、靈性與性別等向度，以創作出個人在失落困境中，再重建出新的自我認同以及與外界調和的新宇宙人生觀。

這些看待個人悲傷意義建構的哲理看似深奧，卻可透過Neimeyer貼心地在書中所列出第三部分的一些具體練習作業方式，作為具體促成意義建構的途徑。我個人最喜愛運用其中以連結物或標記、失落的特質等方式，作為探尋個人悲傷意義的實用方式。

這也說明著本書的寫作精神，一直是以這樣深入淺出且體貼個別性的方式呈現感動人心與不凡的啟迪；也正是我所認識的Neimeyer這位悲傷輔導大師最動人的特質。相信讀者也會在書中看見大師的平易與不凡的意義啟發。

玉嬋 於北護生死所
2007年3月

● 校閱序(二) ●

慕從大師入芝蘭

　　我一直很喜歡華人文化講的「緣」字……簡單一個字，卻說盡了人與人之間微妙地連結……

　　美國死亡教育與諮商學會（ADEC）經常在每年3、4月舉辦年會。第一次見到Neimeyer博士是2001年4月在加拿大多倫多（Toronto）舉行的年會上，當時因同行的老師們極力推崇他的著作，於是我在作者簽名會的活動上買了兩本他剛出爐的作品，排隊讓他在每一本書上留名。簽名時，他並不會因為後面大排長龍而匆匆簽名，相反地，只見他從容不迫、很有禮貌地問我名字，瞭解我的工作性質，才提上一段話：「To Chi-Yun—For your work in training future helpers. Bob N.—」，這句話使我對我的工作深覺驕傲與榮幸。知道我來自台灣，接著他又在第二本書提上「To Chi-Yun—With hope for future contact—at ADEC and in Taiwan! Bob N.—」，當時對這句話的可行性有些懷疑，尤其是「in Taiwan」，但是Neimeyer溫文儒雅的外表，平易近人的風格，在我心中已留下深刻印象。

　　2002年的4月在美國波特蘭（Portland）舉行的第二十四屆ADEC年會上再見到Neimeyer博士，他在大會開幕當天與另一位學者擔任專題主講者，共同發表一篇研究報告成果，研究重點是人們在經過重大失落之後接受悲傷輔導與未接受悲傷輔導者的差異，在各種變項（性別、年齡、職業等）的比較下，研究結果都顯示「並無」差異。換句話說，悲傷輔導之有無對人們面對失落或走過悲傷並無造成明顯不同，這種發現或論調與當時剛發生不

到半年的911事件一樣，對與會學者或正在從事悲傷輔導實務的工作人員發生不同程度的衝擊，會議上也引起很多的討論。還記得當時的主持人正好是當年ADEC的理事長，她在聽完演講之後還上台幽默地說：「看來我們都要改行了，還好我還有理事長可以當，你們怎麼辦？」透過他這樣特異的研究風格與ADEC大會能接受他如此大膽的發表，也讓我對美國學術界的開放與開明，批判與溝通的精神深表佩服。

當年又買到Neimeyer在2001年出版且是由他主編的《意義重建與失落經驗》一書，我在回國的路（飛機）上看了他寫的序言，才見到他分享他的生命故事……原來，他的父親在他12歲時自殺，這場重大的失落經驗似乎是他體驗失落與意義重建的開始，也使他走上死亡教育與自殺防治的不歸路。看完他的序言，我在書上寫下的註腳是：「失落是個轉折，串連一個結束也是一個開始的階段，所以，輔導一個人恢復的，並不是原來的秩序；新的『秩序』中充滿了悲傷……是一種悲傷的秩序。」一如他經常強調的，失落、死亡、悲傷……對生命是重要的；悲傷是意義重建的重要過程。

2003年的4月台灣發生SARS事件，無人出席ADEC年會。

2004年4月我們師生十四人浩浩蕩蕩出席年會，在很自然的相遇中，Neimeyer提及8月他將有香港之行，於是，就請他順道到台灣來為我們主講兩天的「悲傷療癒與意義重建研討會」，也圓了2001年時的「Hope」。當時，章寶（本書譯者）就是負責接待的本所學生，四天留台期間使我們更靠近，他答應讓我們翻譯這本書，於是，兼具流暢英文與悲傷輔導專業的章寶從此擔下翻譯的重責大任。

這本書似乎是為所有人而寫，因為人生這門學問，誰沒有失落與悲傷的功課？

校閱序(二)

　　這本書也為專業輔導人員而寫，他提供我們西方社會這些年來為人類悲傷現象而努力的各家理論；他也努力批判這些理論的優缺點，開創具有整合與創新的新理論——意義重構理論。最難能可貴的是，除了理論，他也提出各種悲傷輔導的實作方法，實踐尋找意義的可能性。

　　站在前人的肩膀上，可以看得更高更遠，Neimeyer博士顯然做到了。

　　讓我們也站在他的肩膀上，有更寬闊的視野，為自己、也為我們陪伴的人完成失落與悲傷的功課。

林綺雲　2007年春天
國立台北護理學院生死教育與輔導研究所

● 譯　序 ●

　　翻譯這本書時，自己已經獨自走在失落的幽谷達二十多年之久。近者包括失婚、財務危機、別無選擇地落腳在適應困難的社會情境裡、重新調適獨自生活的困頓、再加上遠在二十六年前意外失去父親時所發生的種種附加打擊一直纏繞著我，雖然能夠在這段時間當中兩度考上我想讀的不同領域的研究所，在事業、工作上亦能有令人稱羨的表現；但長年多重失落的事實卻使我成為長期低落性情感疾患的一員。

　　有機會進入悲傷輔導的領域，有機會認識Neimeyer博士，更能夠有機會翻譯到《走在失落的幽谷》這本書，是我人生最大的收穫之一，也是上天在困境中給我的禮物。翻譯工作進行的同時，我一方面學習到後現代學派悲傷輔導的新興概念，精進我對悲傷案主言說背後所隱含意義的敏銳度，也使我在悲傷輔導工作中獲得許多得以協助案主的靈感；另一方面長達一年半的翻譯也開展了一段新的自我療癒歷程，更啟發了自身看待失落與悲傷的包容態度並看到它的積極面。

　　Neimeyer博士深入淺出地將人們生活中可能會遇到的失落情境以及悲傷模式娓娓道來，書中穿插著無數的案例，用最實際的方法說明悲傷形式需個別化看待的重要性、重做意義建構的可能性、悲傷轉化歷程的積極性，並整理提供了許多具有實質幫助的「悲傷作業」，是協助悲傷者面對並處理自身悲傷十分有效的途徑。整本書中，他用柔性而同理的筆調深入描繪著失落的心境，令我在翻譯工作中經常含淚前進，甚至數度放下工作倒頭痛哭失聲。最後第9章大篇幅介紹各式各樣因應失落悲傷的種種策略與應用技巧，詳盡地為每個作業設計寫出運用指引、介紹實用範例、引申變通形式，並提醒注意事項，使本書真正成為一本實用性極

高的悲傷輔導寶典。

　　這本書的翻譯工作就在我生命某個片段的起伏中逐漸完成，使我的失落與悲傷有了共舞的依靠。當向Neimeyer博士述說翻譯的過程我留下多少淚水，相信他在撰寫的時候必然也有類似的情境時，他回信告訴我很高興這本書的撰寫以及我的翻譯工作都是心血與智慧併用的結果，並相信這樣的產出無論是對於案主、研究學者或我們自己都有極大的幫助；而當我結束翻譯，告訴他這件工作是我生命中的最大收穫時，他卻也來信告訴我，說我是他人生中最大的收穫。這位深受悲傷輔導界敬重的學者大老真是充滿了感性的特質，他柔軟的身段與慈悲的胸懷在這本書中散放出重建人生意義的希望，但願我的翻譯用語也能夠帶給華文讀者相同的感覺。

　　最後要在此感謝林綺雲、李玉嬋兩位恩師給我的鼓勵與指引，以及李開敏老師為本書審稿，國立台北護理學院生死教育與輔導研究所的學弟妹們和失落關懷與諮商協會的夥伴們熱情閱讀我所翻譯的手稿，不吝給予指教與討論；尤其是陳永銓大哥發揮了他的中文造詣，使我的用字還能保有較為傳統的中華文化。在生活中，我要感謝的是生死所的工作同仁和朱憶華、紀潔芳兩位老師的鼎力精神支持，以及我悲傷輔導實習期間的啟蒙督導李開敏和李佩怡老師。最後是我的麻吉學妹呂欣芹、史晶瑩、林佩玲、彭桂玲、學弟唐天建、心靈的主治醫師方俊凱、國外學者麻吉Carla Sofka博士、我的安寧媽咪孫自蓮女士以及最重要的生命伴侶雅雯、語綸及阿富等重要精神支柱。沒有這些人不時地無條件關懷與付出，我連繼續活好每一天都覺得艱難。

章薇卿　於石牌的水煙閣樓

2007年1月9日清晨

LESSONS
OF
Loss
A Guide to
Coping

第一部分
寫給悲傷的人

第 1 章

失 落 的 經 驗

> 失落就像所有財物的影子 —— 有形的相對於無形的。
>
> Carlos Sluzki，家族治療師

> 照顧你所擁有的東西就像珍貴的瓷器一般，因為有一天它會消失。
>
> Diana Bradley，1995年4月19日，奧克拉荷馬市爆炸案生還者。她在爆炸中失去了母親、兩個孩子和她的右腿。

　　一位寡居二十年的中年婦女，她的丈夫、三個孩子的父親死於心臟病突發。一對年輕父母，由於女嬰不明原因的猝死（crib death）而傷慟，生活幾乎全毀。一家加州人，在土石流慘變摧毀了他們的作物與家園後被迫遷移。一個社區和整個國家，在聯邦大樓遭到一場無情的恐怖爆炸攻擊中，奪取了無數孩子與成人的生命，使人民留下震驚、憤慨與不安。

　　因這些事件而引起的失落，只是我們生命過程所遭遇的許多失落中最明顯的那種；其他還有許多的失落是隱約的、不受社會認可的，或較為「隱匿」的。一位高級主管在公司裁員的決策下被停職而變得憂鬱且自我批判。一位年輕人在女友琵琶別抱之後感覺遭受背叛和憤怒。一位未婚準媽媽哀悼著因自發性流產而失去的未出生

的孩子。一個家庭在家人自殺後而感受到被汙名化與被他人迴避的窘境。一位同性戀男子因為伴侶的雙親阻止他參加喪禮而感到被排斥，他覺得自己像是代罪羔羊。一個孩子因為父母想要用替代的寵物來減緩他對小狗死亡的悲傷而令他感到受傷與生氣。像這一類失落所引起的悲傷可能因家人、同事或鄰居的誤解、責備或只是大意忽略而變得更糟；對於那些悲傷哀悼不被周遭人允許、被視為芝麻小事或不被承認的人來說，這些隱私的痛楚、無法聲張，或羞愧的感覺都成為心頭負擔[1]。

為更加完整地瞭解失落經驗，對於其在人生中的多面向有所瞭解是很有幫助的。就某種觀點來說，我們在人生的旅途中，每一步伐都會失去一些東西，從實質地失去人、地方和我們所珍惜的東西，到較為無形但同等重要的喪失，像是青春、夢想或當我們面對現實而不得不放棄的理想。有時，即使是生命中正向的轉變，也並非純然幸福。比如說，工作的升遷造成同事間情誼上的壓力；孩子的出生剝奪了初為人父母與生俱來的自由度；接受孩子自己所選擇的院校，父母就要面對「空巢期」的孤寂；而如願結束一段沒有愛的關係，也還是需要個人在社會生活中面對複雜的調適。有些事情我們雖然很少停下來思考，但明擺在眼前的卻是：人生沒有不散的宴席（**我們最終還是要放下每一個深摯的關係**），無論是因為分離、遷移，或是由於他人或自己的死亡。這每一種必然的失落都會帶來其獨特的痛苦，都有它特有的辛酸。然而，這種因失落而起的深沉空虛感，使得我們落入唯有選擇疏離與淺交的生活模式，也就是說不再對他人產生真正的依附，企圖減緩因無可避免的失落所帶來的痛苦[2]。

從小到老，無可避免的轉變能夠削弱我們卻也可以增強我們，重要的是要瞭解所有改變都會帶來失落，就如同所有失落都造成改變。我寫本章的目標是想要澄清一些人們面對重大失落時會產生的

共同反應，檢視他們經歷失落所受到的立即性與長期性的挑戰。基於對所愛者之死的悲傷是最受學者與研究者矚目的一種形式，首先就讓我們仔細看看哀悼歷程中的一些共同特質，而我們又是如何調適自己去面對喪慟。

　　所有改變都會帶來失落，就如同所有失落都造成改變。

 ## 悲傷的解析

　　我們對於人們面對失落反應的認知，許多是來自於對成人的研究，他們因著所愛的人的往生而產生失落。在這些深刻且無可挽回的失落案例中，雖然喪慟者因為他們的角色、因應困境的模式和與死者之關係特質的不同而有重大相異的哀悼形式，但至少也是會有一些共同的反應、感覺以及療癒的歷程。正因如此，才會有對於悲傷之「階段性」的誤解，好似所有的哀悼者從痛苦的分離到個人復原的過程都會根據相同的途徑來發展。因此，對於接下來所要討論的「典型的」悲傷反應，我們應該把它看做是一般（而非普遍）反應模式的略圖，將其當做底圖，再根據特定哀悼者其悲傷的情境與意義來添加較為詳細的看法[3]。

　　為求表達簡潔，在典型悲傷歷程中的一些現象將用來表示它們是發生於家人驟逝或意外往生後的情形，但必須瞭解這樣的模式可能會因其他狀況，像是因暴力、創傷或長期患病所造成的死亡而有所不同。然而，即使是這些不同案例，哀悼者也時常會產生共通的悲傷模式，只不過他們悲傷的強度或長度就可能因人而異。總的來說，它們形成一個「悲傷週期」（grief cycle），從預期或得知所愛的人之死亡訊息開始，接著就是一個持續的終生調適過程[4]。

　　逃避（Avoidance）。尤其是當死亡事件出乎意料地發生而使我們處於「高度悲傷」的情境時，總以為所愛的人不會就這樣死掉，對於失落的事實難以理解，在一開始的時候反應是震驚、麻木、恐慌或迷惑，由於太過痛苦而無法接受，便以沉默或逃避對事實的全然關注來應對。面對死亡的殘酷覺察，我們可能回應道：「喔，我的天哪！這不會是真的！是不是搞錯了。我幾個小時之前還跟他說過話呢！」當死亡事件的狀況還未澄清時（像是當所愛的人被假定已死於空難，但是並未找到屍體），他的家人可能仍會抱著一線希望，認為死者還是有任何可能存活著，直到痛苦的實情無法再被否認為止。即使是死亡的事實在一開始就很明確且受到證實，我們還是會發現自己的所作所為仍然假設那人還活著，或許會突然在群眾中看到他或她的臉，當發現那是另一個陌生人時，只有徒然引發內心的悲傷。然而，像這樣的迷惑經驗卻是很正常的失落反應，並且反映出要完全接受這個創傷性的失落是多麼的困難，它使我們陷入無可挽回的變化與消沉。

　　在生理變化方面，處於逃避狀態的人可能會覺得麻木或「不真實」，聽別人說話好像在很遠的地方，而其他方面則覺得跟自己鄰近周遭的距離很遠或是有被分離的感覺。在行為上，喪慟中的人可能會顯得混亂、不能集中注意力，甚至無法完成日常生活中的例行活動，小至記錄購物單，大至處理帳單。因此，除了我們稍後會提到的情緒上的支持外，在這一狀況中對悲傷者提供實質的幫助也十分有用，不妨協助他們完成日常必須的任務好讓生活持續下去。

　　之後，更加全然認知到失落事實的感受開始滲入，鮮明的情緒反應逐漸產生，時常包含著憤怒以抗議那些被視為對死亡事件有責任的人或事——醫生、因酒醉駕車而引起車禍的司機、死者本身，甚或上帝。對許多哀悼者來說，這種波動紛擾的情緒在他們周遭的人看來是很明顯的，有時喪慟者的易怒或怨忿行為會指向那些被視

為「比較幸運」的人，但卻導致了誤解與隔閡。對某些悲傷者而言，當逃避的反應逐漸侵蝕著個人的知覺時，情緒就產生混亂，這種戲劇性的變化卻只有當事人知道，他們在他人面前還是要試著小心翼翼地規範自己表達傷心痛苦的方式。在我們大多數的人來說，表面上否認死亡的事實其實是為了要中斷自己對於公開或私下痛苦的清晰認知；有時，我們表現得好像這失落沒什麼大不了的，但下一時刻卻又為悲傷與痛苦所征服。拿個比喻來講，持續不斷面對失落的事實就好像目不轉睛地直視著太陽一般；若是看得太久，眼睛就瞎了。取而代之的，我們基本上就是要以漸進的方式來調適失落所帶來的衝擊，有時瞥見它，有時移開注意力，直到這個失落真實到不須否認，而我們對於失落的意含在情感層面上也漸漸地有所領悟[5]。

> 有一天我在購物商場裡，以為看到柯瑞走在前面。那是一位跟他體型接近的白髮男性，穿著一件運動衫，就像柯瑞一向的穿著。我自己也嚇了一跳……然後我還是覺得必須走近一點去看看他的臉，雖然我知道這樣實在有點詭異。
>
> ——波碧，64歲

> 車禍發生後，我起先被叫去認屍，但是實在無法面對。他的頭被扭向後面，眼睛鼓脹突出……我真的沒法把他看成是狄米崔斯。那感覺就好像置身雲霧中；一切都是霧濛濛的，而我只是覺得麻木，好像沒有一件事情是真實的。而且之後的數小時，我還是覺得很奇怪，跟現實很疏離。
>
> ——馬克士，37歲

同化（Assimilation）。當失落發生數日或數週之後，我們漸漸地接收了其所帶來的整個衝擊，便開始自問：「沒有了摯愛的他，我怎麼活下去？」赤裸裸地受到震驚與因逃避而轉化為憤怒的洗禮，我們開始經歷各種強度的孤寂與憂傷，每天艱辛地學習著度過沒有他的千百種情境。我們坐在少了一個人的桌邊，每天兩次；每夜一個人睡；每天下班回家不再有人跟我們閒聊，說說一天中所遇到的事情；聖誕節的時候我們為別人的孩子買禮物，因為自己的不在了。如果死去的親友在往生前受到了極大的病苦折磨，比如說拖了很久的癌症，我們的渴求與悲傷可能會因產生釋放的感覺而稍稍減緩，但也可能會因為不經意地「期望」病者早日解脫，減輕他的痛苦和自己的精疲力竭而產生罪疚感。

在失落所帶來的深沉絕望中，我們常常會限制自己的活動和注意力，將自己從大範圍的社會情境中抽離，並且愈來愈把注意力奉獻於不得不調適以因應失落的「悲傷工作」上。我們可能經驗到突然閃現的畫面，或沉思於想念逝去的人，有時還結合著有關其死亡的惡夢或夢見死者回來等等，最後卻發現我們無意識地對重逢的期望重重地砸在了每日獨自生活的堅硬現實面，一切都成為幻滅[6]。壓抑的症狀在這段期間通常伴隨出現，像是瀰漫著悲傷的感覺、無法預測的哭泣時段、持續的睡眠和飲食失調、失去動機、無法集中注意力，或無法從工作或遊樂中感受到樂趣，還有對未來感到無望。焦慮與不真實的感覺並非不尋常，甚至還會經驗到逝者重現的「幻覺」[7]。

在此面向的長期性壓力特徵也在我們的生理變化上扮演著要角，緊張、哽咽感、噁心，以及消化不良都是很平常的，當身體散播這些病痛時，它們會像「波浪」般出現，症狀持續數分鐘到數小時不等。更糟的是，不曾減緩的壓力可能造成生者在心血管和免疫系統的疾病，嚴重時可能引發心臟功能衰竭或助長對疾病的敏感

度，造成悲傷者在失落事件後的一年中死亡率的升高。不過，當大
多數悲傷者漸漸同化了失落所帶來的壓力，並找到繼續向前的生活
方式之後，最後都能夠度過這段因壓力所造成的生理機能問題。

> 當夜間醒來看到死去的丈夫坐在床邊跟我說：「一切
> 都會沒事。」起先，我想我是瘋了。但是感到他仍在這裡
> 陪著我，就覺得出奇的安適，而其他失去伴侶的朋友告訴
> 我他們也有類似的經驗。
>
> ——瑪莉，66歲

> 我太太死的時候，我瘦了——瘦很多。都沒辦法使我
> 自己對任何事情有興趣，連吃也沒興趣。好像我失去了繼
> 續活下去的意志，好一段時間之後才又開始注意到自己的
> 健康，並做一些對自己有益的事。
>
> ——喬治，42歲

調適（Accommodation）。最後，當我們開始自問：「那我
現在的人生要怎麼過？」時，痛苦以及內化階段所引起的徵狀開始
融入對失落事實的順受中。對我們大多數的人來說，思念與孤寂在
死亡事件之後持續了數月甚或數年，然而這段期間我們的注意力和
生活功能也逐漸有所改善。漸漸地，我們重建起在情緒上較為能夠
自我控制的感覺，並回復到正常的飲食與睡眠習慣。在悲傷週期中
的所有階段裡，進展的程度從來都不是均勻的，而是以典型「走兩
步，退一步」的形態，用緩慢的步調重整起被中斷的生活，那是因
為蒙受失落帶來的痛苦認知所造成的不幸。

當悲傷所引起生理機能上的症狀減輕時，我們的活力便恢復到
可以有短暫爆發的狀態，然後是從事稍長時間目標導向的活動。這
使我們進入一長期過程來重建因失落事件而碎裂的社交圈，並非以

新關係來「取代」死去的親友，而是充實並加強一個適切於生活變化，也是我們如今必須去調適的關係網。在這期間，可能會感受到歉疚與悲傷的折磨，像是年輕的寡婦在探索與其他男士新的親密關係時，或是一對夫妻在胎兒死產後還想「再接再厲」的心情。許多的案例顯示，這種介於緬懷逝者以及再投入新生活之間的不平衡感將會在我們未來的生命中一再出現，需要不斷地做調適。這個議題在下一章會再做更多的探索。不過，我們在此先簡短地檢視看看，當死亡或重大失落事件發生，其頭兩年的典型調適過程為何還是很有用的，這可作為經驗正常化的指標，並對所持續的時間有較為實際的期待。

> 我知道有一些實質的事情需要去進行，但我一直在逃避。因為那需要我真正地把重心放在情緒上並使它們浮現，但只要悲傷的感覺讓我不能忍受，我就不願去做……我真的需要去看父親所建造的船，好對他說「再見」。那艘船象徵了他的一生、他的夢想、他的希望，還有我對他最崇敬的一些事情。探訪這艘船更像是去看「他」，遠超過去他的墓前，或回去他一手建造的老家。我一直在躲，然而我知道我必須去。我想我幾乎已經準備好要去了。
>
> ——克里斯，42歲

悲傷期間的功能性

哀悼逝去所愛的人，多久才算正常？這問題在很多年前被提出放在一個名為「man on the street」的全美民意調查中，民眾的回應令人驚奇：非常大量的民眾接受訪問，他們的答案從四十八小時到

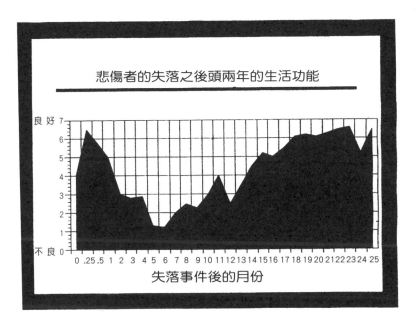

悲傷者的失落之後頭兩年的生活功能

良好 7

不良

失落事件後的月份

兩週。顯然地，這些答案傳達了大部分人的假設，認為失落的影響是短暫的，而且活著的人只要在幾天或幾週內就會回復到相當正常的生活功能。相反的，科學家對於悲傷者的研究結果顯示，實際的悲傷過程比一般人想像的要長了許多，從失落之後的數個月才開始顯現悲傷者生活功能的失衡，之後隱約顯示出失衡的震盪性，而這樣的情形在他們的餘生都持續著。在一個以成年悲傷者為主的大型群體研究中，經過一段時間觀察其整體衰退感和不斷顯示的悲傷徵狀，我們獲得這個重大失落之後的典型「復原曲線」，如圖所示[8]。

> 我朋友期望我在一週內就可以度過失去兒子的悲傷，
> 最多兩週，一個月就有些過頭了。他們好多人都對我說：
> 「你還沒有走出來嗎？」
>
> ——吉姆，32歲

　　羅夫走了之後，許多朋友都不瞭解。他們好像認為我
應該在喪禮之後一週左右就「好了」！過了一陣子，我才
瞭解其實是他們需要我「沒事」，因為他們不知道如果我
不好的話，應該如何與我相處。

——茹思，57歲

　　當覺知到失落的事實，在隨之而來的餘波中，我們通常經驗
到極度的混亂，從感覺（痛苦、恐慌），到想法（不相信、無法專
注），到行為（激動、睡眠失調）等各方面都會這樣。然而，由於
最初的逃避階段所產生的震驚與麻木多多少少保護了我們，使我們
看來可以在接下來的幾天「重整」功能。在這個最初的悲傷階段，
我們也會因為有來自社區或友人密切的社會性支持而受到支撐，為
期大約是喪禮前、服喪期間或喪禮過後不久。在這段期間，他人比
較有可能會認知到我們的痛苦並提供實質幫助，像是協助處理三
餐，幫忙喪禮有關的事務，以及在工作責任上給與寬鬆的時程。

　　不幸的是，幾週之後當我們開始長期且不穩定地「下滑」至
更加迷惘又沮喪的狀態時，那種顯著的「復原」徵象經常很快就消
逝殆盡，只要幾個月的光景，就會達到谷底。在失落發生的頭一、
兩週之後，正當我們打算回到工作崗位，重新扮演家庭角色的同
時，也是鄰居、同事與親友的社會支持消退的時刻。如果我們身邊
沒有一群夠瞭解的知心好友，陪伴我們「走過」這段經驗混淆的歷
程，那麼這個時期所帶來的強烈絕望感將會是一個惡性循環，爆發
無法控制的情緒或經常遺忘該做的事情，也就是我們所謂適應不良
的徵狀了。許多悲傷者在這個時候由於他人對他們的期待與他們自
己覺得可以振作到什麼程度之間的鴻溝漸深，於是會向外尋求神職
人員、醫師、諮商師或其他專業人員的幫助。對許多北美洲的人來
說，在長期的調適過程中缺乏持續支持的力量使得悲傷歷程變得更

為複雜，造成太多的悲傷者以為他們持續不斷的憂傷是個人失敗的象徵。

> 我的情形是，真正悲傷的感覺是在他往生六個月之後
> 才開始。在那之前我一直都是很麻木的，之後我才發現：
> 「聖誕節到了，而艾力克已經不在了。」
>
> ——莎莉，37歲

不過，若是有人來瞭解和鼓勵我們，我們就可以在他人的協助下走過絕望的幽谷，開始向上進入重整與重建生活的長期奮鬥中。然而，這條路還是會十分坎坷，在各種重要的時日（像是假日、生日、忌日等）可能會發現功能性的再度退化，尤其是在失落的第一年裡。最終，當我們開始整合失落的種種課題，並學會適應一個永遠令人感到貧乏的世界時，我們將會更加洞察痛苦的意義，而生命也更加具有吸引力。但這是個長遠的過程，大多數的人一時無法瞭解，那不是幾個月的事情而是好幾年之後才會有所發現；而且在數年或數十年之後還會發生好幾次間歇性的「悲傷尖峰」。這些經驗都是在調適重大失落過程中普遍且正常的現象，不應被解釋為退步了或是還有未「解決」的悲傷。

> 對我來說，丈夫死後的那一年是「第一次」之年：第
> 一次去度沒有他的假期；第一次以單身媽媽的身分過聖誕
> 節；許多年後第一次重做上班族。好多的事情都是甘苦參
> 半，但有些真的很棒，比如說他死後我的第一次大笑，或
> 第一次發現我可以去做自己真正想做的事情，而不需要別
> 人的認可。在最初的一、兩年裡有很多痛苦的事情，但當
> 我現在回顧起來，其實也有許多的成長。
>
> ——朵芮斯，45歲

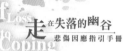

我曾經認為悲傷是有期限的，當有人死了，它會出現，但大部分只要幾個月或幾年的光景就可以「走出來」。現在我可不這麼想。父親死的時候，我還是個孩子，然而他的消失在我個人成長過程中卻造成許多重大影響，像是我從大學畢業時他就不在場；或當我們有了第一個孩子，我驚覺到他永遠都不會認識他的祖父。我不認為悲傷的時候哭泣有什麼不好，生命中一直缺少父親的存在，這就是我的一部分。

——鮑柏，39歲

 ## 複雜的哀悼過程

雖然，重要的是不可將悲傷「診斷」成為一種疾病；同樣重要的是應瞭解，在重大失落後能夠令人滿意地重建生活秩序也並非必然的結果。事實上，有幾種狀況可能反而令我們「深陷」悲傷的惡性循環，於是表面上看好似沒有悲傷的感覺，它變成了慢性的悲傷，或者還可能威脅著生命。這些負面的結果在重大創傷的失落後更有可能發生（例如個人身體受到暴力襲擊，像是性侵害、身體被攻擊；或所愛的人成為暴力受害者或無辜被殺，比如說被酒醉駕車的人撞死等）。「年齡不符」的死亡，也就是說死亡的順序沒有依照一個家庭裡的生命週期發生，也可能是很難調適的，比如說某個孩子的死亡不止剝奪了其雙親和兄弟姊妹對他存在的認知，也剝奪了大夥對他未來的期望[9]。哀悼者的個人特質也會影響喪慟的過程與結果，包括倚賴不良的調適策略，像是飲酒過量或過度使用抗焦慮劑等[10]。最後，環境因素（即哀悼者所能獲得的社會支持度）也會促進或阻礙健康的悲傷歷程。在此特別舉個悲劇型的例子說明「悲傷過度」的現象：當一個人同時或連續遭遇到重要他人的死亡（像是在戰爭中，或意外事件中數位家人或朋友的死亡），這時要分開為

每個失落而悲傷是完全不可能的。在某些圈子裡，悲傷過度成為他們生活的一部分，像男同性戀者，他們的朋友和愛人因為愛滋病的關係深受酷刑般的瀕死過程，死亡率攀升迅速，單單一年內就下葬成打的親人朋友。在這種倍受蹂躪的情形下，活著的人需要有相當強大的互助支持，同時還要忙於為那些瀕臨死亡的人提供尊崇、愛心與照顧[11]。

> 我太太和我有個孩子在四十年前就死了，那時他才3歲。我們最大的孩子，瑪莉去年死時52歲，也是令人悲傷逾常；我想，可能更甚。孩子的死亡無論在什麼年齡都會發生……但他比你先走的這種感覺真的很不是滋味。
>
> ——傑克，71歲

> 去年當失去麥柯的時候，我感到無比的罪過，因為我就是不曾感到哀傷，哪是失去一個我這麼愛的人之後應該有的反應啊。在過去的幾年，我已經經歷許多位好朋友的死亡，看著他們得這種可怕的病然後死去，這麼多人，我真是嚇呆了——好像我無法在下一個死訊來到前處理好前一個失落。好像我心裡有什麼東西凍結了起來，而我也不知道要如何才能將它們解凍。
>
> ——凱絲，43歲

你如何知道何時才是在平常向家人朋友訴苦之外，為自己的悲傷歷程向外尋求協助的時機？其中一個答案是觀察看看你心中的悲傷是否有「被鎖住了」的感覺，在失去某個心愛的人之後數月還無法有任何感覺；或相反地，你是否覺得深陷在強烈而無法緩減的痛苦中，使得你自己或需要你照顧的人處於危險的境遇裡。雖然，對於悲傷中的人來說，想死並非不尋常的想法，他們會希望以死來解脫無法承受的痛苦，或期望跟隨死者一起去更好的世界，但認真想

這樣做或開始計畫結束生命時，就需要有專業的諮詢了。從另一層面來看，你自己可能就是最好的量尺，是否要向外求援——找宗教師父或牧師、醫師、支持團體，或心理衛生專業——可以讓你在悲傷歷程中向前行，並慢慢地重建生活次序。即使我們都企圖想要在失落和繼續的生活中找尋意義，但並不需要這麼豪壯地全無他人支持、勸慰以及實質的協助來達成目標。下一章開始，我們要來談談除了死亡以外，其他因素的親密關係之失落，在討論了一些其他失落的面向後，我們將再回到這個個人與人際之間意義建構的歷程。

你何時應該向外求援？

雖然伴隨喪慟而來的痛苦、寂寞和崩潰感，並沒有所謂
「不正常」的說法，但在某些情況下你還是應該為自己或他人
尋求專業人士的協助，或在日常環境中安排可求助的管道：醫
師、宗教師父或牧師、支持團體的領導人，或心理衛生專業人
員。儘管悲傷者的決定在於個人，但當遇到下列所述情境時，
你還是必須認真考慮去找人談談自己的悲傷症狀：

- **實質的罪惡感**，除了死者在死時你做了什麼或沒做什麼
  的問題以外，還有其他實際事件所造成的這種感覺。
- **自殺意念**，超越被動的、只是想以死解脫或期望可以跟
  死者重聚的想法。
- **極度的無望感**，一種無論你做了多少努力都無法回復活
  下去的價值感。
- **長期的不穩定感或憂鬱**，一種持續了數月的「上緊發條」
  或「原地踏步」的感覺。
- **身體上的症狀**，像是胸口刺痛、明顯的體重下降等，威
  脅到身體健康的狀況。
- **無法控制的怒氣**，造成親人朋友的疏離，或使你在不知
  不覺中對失落做了「暗地報復」的事情。
- **持續地發生失能現象**，使你無法保有工作，或在生活上
  無法完成例行的任務。
- **物質濫用**，重度倚賴藥物或酒精來麻醉失落所帶來的痛苦。

上述這些狀況的任何一種都有可能在正常的悲傷狀態中暫
時性地呈現，但若情況持續下去的話，就需要特別注意了，這
不是日常生活中一般提供支持的人可以處理的。本書的最後對
於這些狀況的處理提供了一些可以協助的資源。

◤ 研究筆記

1.有些種類的失落在當事人的文化中並不被認同，有時我們稱之為「被剝奪的」失落，只要是那些為近親往生而哀悼的人，其悲傷不被支持、身分不被接受的都屬於這種。偶爾，甚至也包括那些傳統上被認同的失落，而深受其苦的人還是會有悲傷被剝奪的情形，像是孩子、智障的人、身體虛弱的老人等被設定是沒有認知能力可以像我們一般人那樣去體驗「悲傷」的一群。很不幸的是，這問題經常在整個哀悼的群體中被邊緣化，這些人的體驗可能被他們周圍的人所誤解和忽視。

然而當社會習俗改變，那條分隔了「被認同」與「被剝奪」悲傷者的界線歷經調整時，這會是一個很有幫助的概念，應將其長記在心中。好比說，美國現今就有許多醫院為出生前後往生嬰兒的父母提供社心服務，可以讓他們抱著死去的嬰兒並為孩子取名、拍攝死產嬰兒的照片以備日後孩子的雙親可能會回來索取、給與父母親接生的毛毯以紀念曾經期盼的孩子等等。同樣的，當這本書正要付梓印刷時，有一些大型公司機構（包括家庭取向的企業，如迪士尼公司）也正開始實施更為寬厚的請假政策，讓那些失去伴侶的未婚員工（例如男女同性戀者或是同居的人）亦可請喪假。在此介紹一本很有見地的、討論關於不被認同的失落以及其悲傷理論的書，由Ken Doka（1989）編輯，書名為*Disenfranchised Grief*，由Lexington Books（Lexington, MA）出版。

2.關於此一論點有個有趣的延伸想法：差不多所有退縮的表現，或無法扮演深層關係中的角色以允許他人觸及我們內心最珍貴和最易受傷的知覺、信念與價值觀，這些現象都被認為是某種心理悲痛的形式。顯然地，無法對他人投入真情或冒險進入真實的親密關係，可以用來避開無可避免的失落所引發的痛苦。那樣地靠近或遠離這種關係的微妙行為便可成為心理治療的焦點，這正是Larry

Leitner（1995）所談論過的：最理想的治療距離（optimal therapeutic distance）。請見R. A. Neimeyer及M. J. Mahoney所編輯的*Constructivism in Psychotherapy*一書（357-370頁），由美國心理學會（American Psychological Association, Washington, DC）出版。關於此一議題的處理有些不一樣的地方，是在於把避免與他人產生真實關係的行為看做是一種面對自己終將死亡以及必須承擔失落的焦慮表現；請見R.W. Firestone（1994），'Psychological defenses against death anxiety' 一文，刊於R. Neimeyer所編輯的《死亡焦慮手冊》（217-241頁），由Taylor & Francis（費城）發行。

3. 呈現典型悲傷反應之後的下一步就是純粹以敘述為重點的階段，好讓承受失落的悲傷者能夠把他們自身的經驗放在一個較為寬廣的常模中。然而，對於這個概括性的不成文規定，我與其他許多人的想法一樣採取保留的態度，並且會在後面的章節中做一些檢視與評論。放在本書第二部分的批判則較為突出，在那裡我提供了另一種瞭解哀悼議題的大綱，這與階段性模式所述的狀況可是背道而馳的。

4. 在此所做的討論與Therese Rando（1993）在*Treatment of Complicated Mourning*一書（Research Press出版，Champaign, IL）對於未完成悲傷面向所提出更為廣泛的論述相類似。Rando的著作提供了優秀的臨床資源，得以協助專業人員有一處理方針，尤其是用在隨著喪慟之後而產生的社心問題之上。雖然其他作者也有提出更進一步失落後典型的情緒軌跡模式（本書第二部分將會引述一些），但在此所描述的「悲傷週期」代表著我自己對失落的顯著心理反應之精華。我覺得最好的就是對於這三個面向給與簡潔的描述，因為詳細地說明多階段模式對於建立更多的假設是有風險的，而且也不是對所愛之人的死進行調適的「正常」途徑。本章在此所提供的一般架構將會隨著內容的進展擴增許多。

5. Margaret Stroebe及其同僚最新的研究是立基於哀悼歷程的「雙軌擺盪理論」（dual process），這個理論將喪慟的調適視為一個需要在兩種相反功能中持續來回擺盪的過程。在「失落導向」（loss orientation）的狀態中，喪慟的人忙於處理密集的「悲傷工作」，體驗、探索和表達他們對失落的感覺以企圖抓住他（她）對生命的意義。而另一時刻，在「復原導向」（restoration orientation）的狀態中，悲傷者把焦點放在因失落而需進行的許多外在的調適，專注於工作和家庭責任，建立和維持關係等等，暫時「脫離」還會再找上門的急性悲傷之網。這個理論模式對於解釋某種程度地「逃避」（avoidance）失落事實的行為就很有用，顯示「逃避」這個動作也是有幫助且尋常的，並且在整個調適過程中都會經驗到，而非只是局限於悲傷初期。我將逃避放在悲傷週期的第一向度只是想要強調它的主控性，這是許多悲傷者在失落發生後最初的幾分鐘、幾小時或幾天內會有的現象，而且愈是將注意力放在生活的復原力上，稍後的這種狀況就愈是常見。需要看更多有關於雙軌擺盪理論的討論的話，包括其應用於瞭解性別之間與文化之間悲傷行為的差異，請見Margaret Stroebe、Henk Shut及Wolfgang Stroebe（1998）所發表的'Trauma and grief: A comparative analysis'一文，刊登於J. Harvey所編輯，Taylor & Francis（費城）出版的*Perspectives on Loss*一書中。

6. 這些「侵入」的經驗（像是入神的思維、惡夢、畫面閃現等）在創傷性的失落案例中尤其常見且強烈，這是侵入—逃避量表其中的一端。關於創傷後壓力這一方面的議題討論，請見Mardi Horowitz（1997）的著作*Stress Response Syndromes*（第三版），由Jason Aronson（Northvale, NJ）出版。

7. 談到「病理學的」問題，關於持續接觸已往生的親人的報導，如今已被視為是喪慟經驗的一環。例如近來的研究顯示，有

60%的喪親者陳述感覺到死者存在的經驗，這當中有一半的人在描述時聽來是很平常，沒有特別知覺的事例；而較少、但也有相當數目的人對他們所愛的人做了視覺、聽覺、觸覺，或甚至嗅覺上的知覺陳述。重要的是，超過85%的人對於這樣的經驗感到安慰，只有6%的人會覺得不舒服〔請見Susan Datson及Samuel Marwit（1997）所著'Personality constructs and perceived presence of deceased loved ones'一文，刊載於*Death Studies*，*21*，131-146頁〕。至於一些質疑傳統悲傷模式所提與死者的依附關係的研究結果，將會在本書稍後有更詳細的探討。

8. 在這裡所做的描述是根據一份長達十年，針對1,200位哀悼者進行調查的研究報告，他們被告知了有關John Bowlby及Colin Murray Parke的喪慟理論，這是與失去所愛對象之間的分離歷程，以及伴隨而來的震驚、渴望、失去方向和重建次序所帶來的變動和重疊經驗。在這個簡短的討論中我已經簡化了每種經驗的標準圖，並引薦有興趣的讀者去看原著中的詳盡說明。請見Glen W. Davidson（1979）所寫的'Hospice care for the dying'，載於H. Wass 編輯的*Dying: Facing the Facts*一書（158-181頁），由Hemisphere（Washington, DC）出版。

9. 對家庭中的悲傷與失落之完整討論有興趣的專業讀者，我鼓勵你們求教於Froma Walsh及Monica McGoldrick（1991）的*Living Beyond Loss*一書，Norton（紐約）出版；還有Ester Shapiro（1994）的著作*Grief as a Family Process*，Guilford（紐約）出版。

10. 具有「易受傷害特質」的人面對失落時較易加重悲傷程度，尤其從喪慟者過往對悲傷的調適程度可以看出這種特質。因此在因應其他生活挑戰時能夠找到適應的方法並迅速復原的喪親者，當遇到重大失落時就有可能有類似的因應模式；而先前調適經驗較脆弱的人，悲傷歷程就傾向於較強烈且拖延。有關這方面論點的近期研

究，請參考Louis A. Gamino、Kenneth W. Sewell及Larry W. Easter-ling （1998）的'Scott & White Grief Study (SWGS): An Empirical Test of Predictors of Intensified Mourning'，刊載於*Death Studies*，*22*，333-355頁。

11.關於男同性戀圈子裡敏感度較高的、具權威的悲傷過度之處遇，請見David Nord（1997）所著*Multiple AIDS-Related Loss*一書，由Taylor & Francis（費城）出版。

第2章

愛 與 失 去

　　談到這裡，我們在喪慟的術語中對於「失落」的定義已經有了一個認識，心照不宣地將它與因其死亡而失去所愛的人劃上等號。然而直覺上不禁令人反思，在某些時刻來說，我們相信這只不過是一種最明顯且有公開認知的失落形式，而且這個失落所愛的經驗普遍存在於人類生活中。因此，將其修改成一個較為廣義的架構就很重要，將失落定義為一個人在資源上的任何損失，無論是關於人的、物質的或象徵性的，只要是有情感依附的都包括在內[1]。雖然在這廣義的定義下，不可能把所有形式的失落都說出來，但在此專注於兩個特定的形式則非常必要，因為它們在我們的生命中是廣泛且重複發生的事情，而且這兩個失落對我們有心理與社會層面的影響。首先就是本章要談的「關係的失落」；其次是下一章會談到的「失業」。

　　儘管前面對於因死亡而造成失落的悲傷歷程整理出了一些面向，並做了最生動的描述，然而其他造成分離的原因也會引發相同的反應。比如說，離婚、失婚的發生就會把我們丟進震驚、氣憤、

脫序的類似深淵，然後逐漸在情緒的面向上再度整頓起來。同時，像連結著喪慟的哀悼反應一般，我們會在與親密好友或愛人「分手」之後變得「深陷」悲傷之中而無法自拔，甚至感到再度信任他人、與他人相愛是無法想像的事。不過因關係失落而產生的其他狀況則是獨特的，尤其是因為牽涉到兩人曾經共同選擇要在一起的關係，卻演變成因單方或雙方之抉擇要結束這段關係，這經常會變得複雜且十分影響情緒。也正因為如此，把焦點放在這個失落形式的特點上，然後再思考我們可以如何向前走向療癒之路，就變得非常有效。

關係失落的普遍性

當我們停下來思考這件事時，我們的失落經驗會回到早期兒時的經歷，即使在最佳狀況也還是會如此。儘管當時的成人已經將那些失落對我們生活的影響減至最小，大多數的人還是會憶起當時因為寵物死亡而引起的哀傷與困惑。還有，每一次的搬家、畢業離校或轉學，我們都會在結識新朋友的同時無可避免地失去一些舊朋友。可喜的是，對大多數孩子來說，這些無可避免之事所帶來的迷惘感是短暫的，而且在某種程度上是「看不見」的，他們的失落常常會因開展了新的學習機會或新關係的發展而有所抵消。正因如此，我們就常常不認為那會有什麼問題，除非這孩子對於接受寵物之死或調適新環境超乎了平常所認可的困難。但很重要的一點是，兒時所「習得」的愛與失落的經驗會一路帶進我們往後的生命當中，形成我們成長後因應失落的方式。在較為良好的情境中，這些早期的失落可以幫助我們發展日後面臨挑戰所需的復原力，並且變得有保障，讓我們知道我們自己和周遭的人都互有資源可以共同度

第 2 章
愛 與 失 去

過艱難時刻[2]。

　　對我們許多人來說，生命中第一次印象鮮明（且難以忘懷）的個人失落經驗就是青少年期的戀愛經驗吧。我們的「初戀」在當時通常是具有強烈意義的，時時刻刻都是個人世界的重心，然而彼時的一切困擾如今看來卻那麼地膚淺或註定要失敗。也難怪當十多歲的年輕人陷入分手的迷霧中而經驗到強烈的氣憤、罪過或背叛等感覺時，有時會變得十分鬱悶。只是當父母或其他成年人以「天下何處無芳草」或「時間可以療傷止痛」單單一句安慰的話來打發他們對失落的重大感受，伴隨著這種失落而產生的孤寂感就變得很難承擔。相對的，青少年需要被當做悲傷中人來看待，請參考本書第5章所討論的一些方針。

　　　　當司克特甩掉我時，朋友們只是一直說：「別擔心，
　　一切都會沒事的。」但是我不覺得我沒事啊。我感到既受
　　傷又憤怒，而且我也不想讓他們把這些感覺從我身上拿
　　走。

　　　　　　　　　　　　　　　　　　　　——珍妮佛，16歲

　　不幸的是，相對於青少年仍在摸索的歲月，愛的關係的失落在成人生活中幾乎變成司空見慣的事。資料顯示每兩對女同性戀中就有一對、每三對男同性戀中有一對、異性同居關係中也有類似的比例，以及每七個異性婚姻關係中就有一對在兩年之內會分手[3]。就某種程度而言，在我們所選擇關係中的不穩定性是無可避免的，也就是說任何透過兩個人互相選擇而形成的關係，都有可能會被其中一人「不選擇」。事實上，這種行為模式自有其優點，持續嘗試發展不同的親密關係可以使我們在成長過程中看到不同面向，每一段關係都有其獨特的地方，對於個人經驗、感受和與人共享的往事提供了重要的根基，而這些都是形成我們個人特質的東西。但對許多人

25

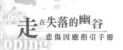

來說，戀愛時光代表著一連串看似無限興奮的浪漫關係，而分手是失望且時而具毀滅性的離散。在較極端的例子中，「為伴侶購物」可能就是「成癮相關疾患」的一種形態，一種延遲喜樂感直到再度與伴侶發展真實的親密接觸的耐不住之表現，在追求下一次征服的歷程中很快就捐棄了堅持的行為。當購買商品的行為發生時，其實是對所愛的伴侶有上述這種情愫時，就關係失落的**本身來說**可能只是較輕微的長期影響，倒是親密感與意義上的消弭影響了原來無法停止的需求[4]。

就某種意義來說，甚至決定要在愛的關係裡固定下來形成獨一而永久的關係時，也造成隱藏在其中推論性的失落，是一種失去與他人培養可能性關係的機會。在早先求愛期所帶來的興奮感中，放棄與其他人的親密關係不會是個很重要的議題，甚至想都沒有想到過這問題。但當關係降溫後，一切變得都在掌握之中時，與其他人的關係便開始令人感到誘惑，於是逐漸損害了我們與另一半之間的美滿感覺或承諾[5]。

許多關係失落的形式中，最常被研究到的就是透過離婚而終止的婚姻關係。事實上，根據統計顯示，美國人已經變成了離婚民族，在最近十到二十年間開始的所有婚姻中，有一半都走上離婚之路。曾經有一段時間，強烈的社會期望會將夫妻互相綁在一起，「是好、是壞，至死不渝」。然而，如今除了非常保守的人們以外，大多數的人卻認為離婚才是解決婚姻問題的負責任行為，曾經有效阻止夫妻離異的社會烙印則大部分是消失無蹤了。對任何人要結束一段固定關係的決定，沒有了責難或寬恕，這抉擇所帶來的影響、損失和後果就很值得關心了。即使是我們自己沒有面臨關係失落的命運——至死不渝——但我們有很多好朋友和家人，在他們人生的某個時刻，機率可能是很高的。

關係失落的軌跡

　　關係結束是如何開始的？簡單說來，每對離異的夫妻都有不同答案。有時，仳離的決定是雙方經歷多年而達成的痛苦協議；而有時，對「矇在鼓裡的」一方來說，另一半的決定發生得突然且「毫無預警」，但其實這個分手的打算可能早已經靜悄悄地醞釀了好幾個月或好幾年。通常爆發的時機就是在這兩種極端的狀況之間的某種狀態，當雙方疏離感漸增，又被憤怒的抱怨挑起，使得雙方都感覺到「有些事情得改變」。每一條通向決裂的路程都有它自身的動力變化，而且每一宗案例都有它自己的議題。

　　想要瞭解離開一段親密關係的衝動緣由，就需要先瞭解最初走進這段關係的動機來源。沒有一個人會像一張「白紙」般地進入一段固定關係，而且對於這個關係該是什麼樣子沒有任何預料與期待。相反地，我們對於「完美的配偶」應該是什麼樣子，在家庭裡的角色與責任應該如何分配，與伴侶的問題應該如何解決，其實經常都是帶著模糊的希望與信念來處理的。更甚地，我們對於理想的關係也都有著「夢想」，這些包括了我們用以測量伴侶的（有些是不可能的）準則。這個夢想，是我們根據原生家庭經驗、過去的愛情關係，以及習俗與媒體所傳達的一般文化訊息而形成的，不見得就能符合另一半的實際生活面，他／她自己本身的關係信念系統在主要或細微的面向上可能也不同於我們。當夢想的失落引領我們與伴侶走向成熟而重新協調過的關係時，它也時常就此播下了不滿意的種子，造成最後終於連關係本身也給放棄了[6]。

　　Diane Vaughan曾經對於分居或離婚的男女做了一個研究，試著把典型的「解套」過程界定出來。她的訪談讓她發現分手的發起人與被放棄的那一半有所不同，前者是早在向伴侶宣佈分手的決定之前，就一邊難過地反思著這段關係，一邊間接地從他人處獲得對此

決定的社會支持。一般來說，這個「抽離」是漸進的，與表達不滿的層面比起來可能在行為層面上會較為明顯（像是避免與伴侶做性接觸，或「忘記」戴上結婚戒指）。同時，另一半可能會有意或無意地忽視不對勁的訊號，而以「其實每件事都沒問題」來說服自己和他人。當其中一方或雙方的不滿都更為明顯時，每個人就想要各自發展不同的情節，或陳述他們自身的困難，為自己找藉口，責難對方才是關係中的難題。然而，到了最後，雙方都會為這段關係的失落而感到悲傷，只是這個悲傷對發動分手的人來說可能帶著罪疚的心情，而對另一個感到背叛的人來說是帶著氣憤的情緒[7]。

> 我想我早就知道這婚姻裡面有什麼不對。莎莉一直離我和孩子愈來愈遠，而我們的支票本帳面愈來愈短缺……。現在回想起來，其實有很多證據顯示著她打算離開我，但我就是不想去相信它會發生。最後，我受夠了，我們就攤牌，然後我們也都知道這一切都結束了。
>
> ——肯恩，48歲

當夫妻要分手時，有一些損失是很明顯的，但另有一些卻看不出來。當然，其中一人或兩者的怒氣與挫折感在對方看來通常十分明顯，而他們對於未來關係的謹慎或衝動態度也應該是同等地清楚，至少對他們很熟悉的人來說是這樣。但其他要付出的代價可能就不易預料。當一對夫婦分割他們的財產時，臥室裡的梳妝台沒有了相稱抽屜的五斗櫃，看起來就像它的主人一樣的孤寂。無可避免地，離婚後家庭收入少了一大半，家裡的每個人在休閒、個人花費與可能的教育機會都受到影響，如果這個家保持原來不變的話，一切都是可行的。在離婚後其中一人必須搬出去，或兩人都要搬家，他們來自鄰里與朋友圈的支持和熟悉度也是一項損失。

在最抽象的層面來說，分離還牽涉到自我定義的問題，就像鰥

夫寡婦一般。不再是夫妻中的一方，不「屬於」誰，而是「獨立」的一個人，可能是婚後許多年來的再度單身。不但這個轉換需要在個人的自我審視上做個大轉變（我們將在稍後再做闡述），同時對當事人周遭的社會人士來說也需要一番調適。使得這個轉換過程更為複雜的就是分手很少會是「乾淨俐落」的；多多少少還是會藕斷絲連得跟前任配偶有所接觸，有些時候產生複雜的情緒變化，然而遇到雙方都感到孤寂難耐的時候，熟悉且令人感到舒適的性關係就死灰復燃。此外，當個人透過毀壞關係的殘骸中努力檢視並尋求合理的解釋，想知道「到底發生了什麼事」時，才發現即使關係的結束是原先所渴望的，仍然不能避免地要為離婚付出難以捉摸的代價。

最後，由於許多婚姻都因外遇問題而終結，夫妻分手，在其中一方來說還伴隨著深受背棄的感覺；在另一方對於新歡過於理想化。當提出分手並在別處有了新的開始，可能確實會令其中一人或兩者都感到十分愉悅；然而這樣的模式在「被拋棄」的一方來說很容易造成其猜疑感，而另一位也會對新關係的現實狀況很快地感到失望。

當然，分手的影響通常都遠超過當事人本身，周遭的朋友們會試圖在他們的社交圈裡做兩極化的分割。離婚雙方各自的父母也會因與另一方家庭成員的關係失落而感到悲傷，尤其是當他們與姻親已經培養起的友誼，現在卻要因為自己孩子的婚姻失和而陷入僵局。最可悲的是，孩子才是離婚事件中受害最深的人，通常他們對於父母離婚而產生的悲傷都持續到成人期。就像成人在悲傷週期中的同化階段，孩子會氣憤地否認父母離婚的事實或無可避免的結果，他們會建立最後重聚的幻象；或當事情不能成真時，他們就責備自己。對於這些傷害或其他與失落相關的傷害，我們稍後將會再回來討論其促成療癒的因素。在此之前，我們要先簡短地考量另一

個成人期會有的失落形式，也就是職業角色的喪失所引起的地位與安全感的失落。

> 即使十分厭倦爸媽吵架，但當他們分手的時候，我真的是恨死了。我討厭那個新公寓、她的新男友，以及所有事情。當他們結婚時，我覺得就像是世界末日。我就是緊抓著她，一直哭一直哭，不願放她走。
>
> ——布萊恩，12歲

研究筆記

1. 我是借用John Harvey及Ann Weber（1998）所著'Why there must be a psychology of loss'一文中的定義。此文刊載在J. H. Harvey所編輯的書*Perspectives on Loss: A Sourcebook*中，由Taylor & Francis（費城）發行。想要探索失落的許多面向的讀者，可以在Harvey的作品中發現無價之寶，尤其是因為此書對於生病、親密關係的終止、運動傷害的失落、創傷與無家可歸等各種經驗多所描述。同樣這些多面向的描述也在他其他的學術文章中得到證實，這些文章刊登在他所編輯的雜誌，名為*Journal of Personal and Interpersonal Loss*中（細節請見建議讀物的參考書目）。

2. 對於轉換空間的關注，我不試圖為獨特的孩童悲傷尋求適切界定，或嘗試在尊重與敏銳兼顧的回應上聚焦於特殊考量，以符合他們處於喪慟的需求。就此一議題想要有個廣泛的處遇計畫，可以求教於David Adams及Eleanor Deveau的著作*Beyond the Innocence of Childhood*（第三卷）: *Helping Children and Adolescents Cope with Death and Bereavement*，由Baywood出版（Amityville, NY）；以及Charles Corr和David Balk（1996）所著的*Handbook of Adolescent Death and Bereavement*，出版公司為Springer（紐約）。其他處理喪慟中孩童之資源則列在本書最後資源指南中。然而，我將會在第4章以及第二部分的一些章節中對兒童和家庭相關的議題大膽地做一些觀察整理和建議。

3. 請見Susan Sprecher及Beverly Fehr（1998）刊載於*Perspectives on Loss: A Sourcebook*的文章'The dissolution of close relationships'。該書由J. H. Harvey編輯，Taylor & Francis（費城）發行。

4. Gerald Alper對於時常出現在「單身狀況」的絕望感曾做探討，請見1994年出版的*The Singles Scene: A Psychoanalytic Study of the Breakdown of Intimacy*一書，由International Scholars Publications

Lessons
of Loss
A Guide to
Coping

走在失落的幽谷
悲傷因應指引手冊

（Bethesda, MD）發行。不過，就像許多分析師一樣，Alper較為傾向將他所研究的對象予以診斷，不曾將潛在可行的單身生活形態作為重組我們生命的實質意義。而我對於我的心理治療案例有一些觀察，發現他們對於其他人的看法倒是符合Alper的描述，顯然這不是單身者所獨有的特性！事實上，在長期的「穩固」關係中，大都過於普遍地傾向去處遇某個人與其伴侶的問題為切入點，而非個人自身的滿足感。同樣地，單身者跟因衝動或因社會壓力而結婚者比起來，可能就只是比較明智審慎地對伴侶做出穩定關係的承諾而已。因此，在這一領域來說，跟其他許多領域一樣，所有的統計數字都會隱匿個別案件裡相當不同的地方，能夠以這樣的認知來對簡化的推論做調整才是重要的。

　　5.當然，其他結果也是可能的，都有雙方滿意和不滿意的地方。理想的情況是，伴侶雙方持續在未來的歲月裡隨著個人的成長與改變，找到他們關係中相互契合的地方並逐漸轉化。然而，這種轉化也可能會受到雙方核心共識的限制而變成理解這世界的方式和中心價值觀。相反地，有的關係則是漸行漸遠，尤其是當持續深入的關係顯示出雙方在價值觀和意義上的不協調時，情況就更嚴重。對於友誼發展與結束之動力研究，請看Robert Neimeyer、Donna Brooks及Kurt Baker（1996）的'Personal epistemologies and personal relationships'，刊載於D. Kalekin-Fishman及B. Walker所編輯的*The Construction of Group Realities*一書中，出版公司為Krieger（Malabar, FL）。

　　6.這種關於信念和夢想中之角色在親密關係裡逐漸崩解的分析，是從Andrew Schwebel 及Bryce Sullivan（1996）的'Coping with the loss of the marriage dream'一文衍生而來，此文刊載於*Journal of Personal and Interpersonal Loss*，*1*，57-70頁。他們描繪伴侶在關係中如何擷取非意識的策略，像是防衛性的逃避或因孩子的養育責任

而分心等行為，將這些作為一種方法來減低衝突並將之延伸到現有
關係未臻理想的現實上。

　　7.想看更詳細且好讀易懂的內容，請見Diane Vaughan（1986）
所著的*Uncoupling: Turning Points in Intimate Relationships*，由Oxford
University Press（紐約）出版。

失業與角色的失落

在從前，我們很多人都能夠安心地確知自己的生活角色為何，像是性別、種族，這些都是不出所料的決定性角色。如果我們的父母是農人，那麼很清楚地，我們就是農人。當論及職業傳承時，像是木匠或家管，總是子承父業、女繼母職，我們很確定且有保障地知道「自己是誰」，並知道將來，通常也就是指我們的後半生要做什麼。雖然這種具有「排他」性質的決定有時令人感到窒息，生活上卻能維持穩定的狀況，即使陷入其他無法避免之轉換的迷霧中時，也能保證著我們的生活有令人熟悉的故事情節。

但隨著工業革命的到來，以及大型、官僚政治機構的誕生，這種模式改變了。個人的終生職業不再是既定的事實或局限於很微小的可能性，而是經個人自由選擇來決定，而且因為工作角色的專業性增加，顯然開啟了無限多的選擇。但當個人的工作透過穩定的組織階層，追隨著一個「有前瞻性及超越性」的歷程時，其在職業生涯的途徑中仍然還是會有一些可預測性。

然而，現在連這樣一個職業穩定的紀元也不再了。從現代工業

社會轉換到後現代化以資訊為主的經濟模式，許多的大型傳統企業因為被併購、縮編、改組和失去資源而變得不穩定，快速有效地重塑了「工作保障」的過氣觀念[1]。我們的歷史走到這一步，一般的美國人需要改變的不止是工作，而是生涯規劃，一生中至少改變三次，而且每次都要再度接受重要職訓以因應新的職責內容。即使是我們自己主動在生涯中尋求這種改變，為追求新的可能而放棄舊有的工作模式，在這職業轉換的歲月中也可能令我們失去方向。但當失業是因為職害、裁員或被迫退休而不請自來（通常是非預期的）時，我們就有受騙、背叛和被貶的感覺，即使有所補償也無法與所失去的達成平衡。因為我們面臨的失落是加諸在生涯轉換上職業角色的失落，並加上了一些獨特的壓力源。本章將會在稍後來細談這些問題，然後再討論人們除了應用他們原有的資源外，是如何調適面對各式各樣的失落。

> 我把自己的二十八年青春都放在那家廣告公司，但當新的管理系統引進時，我在幾週之內就被踢到馬路上了。現在我不知道要怎麼辦，我老婆重新回到職場賺錢貼補家用，然而她所賺的甚至無法負擔房屋貸款或孩子的學費。而且相信我，沒人會願意雇用一個完蛋了的資深高級主管，外頭有幾百個年輕人等著找工作，他們有比我更好的科技技術，而且只要我一半的薪水就肯上工。
>
> ——史坦，56歲

生命中的工作角色

曾有人請教精神分析之父佛洛依德，如何定義心理健康的生活

目標時，他的答案很簡單：「愛和工作。」愛的關係和失落，其重要性對我們來說是十分清楚的，但工作重心和事業上的失落就比較容易被忽略。然而在真實的感覺中，我們就是我們所從事的行業；這麼說吧，一般的美國人每天花上八小時或更多時間在工作上，比清醒時刻所從事的任何活動花的時間都多，於是我們這麼愛以工作來認同自己也就沒什麼稀奇了。「你是做什麼的？」經常是與新認識朋友打交道的第一個問題，也是我們向他人自我介紹時的第一個描述。

　　當然，工作所提供的不是只有在社會互動時的破冰之鑰而已，它也界定著許多我們生命中最重要的計畫，讓我們對所期望的未來有方向感和目的。工作加強我們的自信和自尊感；當我們領薪時，可以維持我們自己和所愛的人的生活；工作可以論功行賞，可以因優越表現而獲得名聲。即使是在卑微的，日復一日的感覺中，我們的工作仍可使生活有組織與架構，並提供一個可以讓我們與他人互動、磨練與增進個人競爭力的社會競技場。從這個觀點來看，工作就大大地界定了我們的過去（所完成的事情）、現在（每天花時間在做的事情），以及未來（所奮鬥的目標）；同時，若是失去了工作，就是動搖了我們自我認同及生命計畫的根基。

　　如同其他失落，失去工作也會引發熟悉的悲傷模式。氣憤與冷嘲熱諷經常伴隨著「被革職」的情境，若上層的決定顯得太官僚或個人覺得不公平，這種情緒就更嚴重。還有就是，由於我們所氣憤的目標通常都十分安全穩固，不會真的受到我們怒氣的波及，所以比較容易遭殃的就變成了家人或親密夥伴，這將使得我們更加被杜絕於痛苦之中。事實上，如果不是處理得很有建設性，一心想「放下」所引發的感覺反而更強烈且不易覺察，再加上財務上的壓力，我們的親密關係就被破壞無遺。從近年來離婚與配偶受虐案件的上升與失業率有關就可以反映出此一現象。

　　當我們懷疑被裁員是「罪有應得」，並加上自我批判和自我責難的模式，認為一切都是「活該」的話，情況就很難轉圜。事實上，在為我們的失業尋求解釋的漩渦裡打轉時，旁人通常都會以明示或暗示的方法譴責我們「失敗」的部分，這只是更加重我們的愧疚與尷尬。甚至，對於失業的汙名化會隨著找不到工作的時間而累積，尤其對那些傳統上需要維持生計的角色來說，更為嚴重。因此，丟掉工作的時候，我們必須要瞭解到這不僅僅是個「壓力事件」，同時也是生命中的轉捩點，是過程而非獨立事件，而且對我們整個社交網絡都產生衝擊性[2]。

　　研究顯示失業對社會心理層面之功能有普遍的影響，所反映出的狀況包括能力與自尊感的降減，憂鬱、焦慮、氣憤情緒以及對人動粗風險的增加。如果這些情形落入惡性循環的話，我們可能就會從人群中抽離，使自己的狀況變得愈發沒有希望。最糟的時候，失業的人甚至會以為別人如果「沒有他會更好」。當我們將自己所認同形象中最重要的部分長時間投資於事業上之後，有時結果可能會變得很悲哀，就像人口統計反映出的現象，60歲以上失業的男性比其他任何人口分類族群有更大的自殺風險[3]。

　　究竟是什麼使得失業這件事這麼令人難以忍受呢？從其他一些因素上來看，它造成了我們的需求衝突，這是人們難以調整的部分。一方面，如同其他失落，失業也需要哀悼，需要在轉化的過程中（無論我們想不想要），隨著時間探索那種難以言喻與迷惘的感覺。另一方面，它又不像因死亡而引起的失落，失業之後沒有「告別式」，讓我們對失落正名化，或提供一個社會性的避難時段好讓我們能夠悲傷或復原。萬一社會的期盼正好往相反的方向發展：就在我們感到最沮喪、最沒自信、沒把握向前行的當下，人們卻期望我們能夠努力不懈地勇往直前，有效率地繼續尋求新工作。面對這些情緒和需求之衝突迭起的情況，也就難怪我們常常在重新找工作

第 3 章
失 業 與 角 色 的 失 落

的努力上遲疑不前，或付出了這種努力卻因被拒的挫傷而退卻，這時所感覺到的只是對自己未來的「暢銷性」愈加感到沮喪而已。

除了這些主要的情緒挑戰，失業人士還需面對一些第二層次的社會性複雜變化。像是沒有了薪水就必須動用積蓄，造成經濟上的失落，而這些積蓄原來可能是要用在家庭中的其他計畫上。當失業的情況持續下去，家中的權力互動也會有所改變，有時在近鄰遠親的眼中看來，原來主要收入者的權威以及地位就逐漸地受到損害。因此，有些時候，面對失業的調適可能比喪慟的調適還要困難，就其本身而言，個人悲戚的感覺還再要加上他人和自己給自己帶來的責備與自尊受挫。

> 當我與莎莉離婚，失去了農場後，我知道我必須要找個事情做做賴以維生。幾乎有一整年都靠積蓄過日子，總是「計畫著」開始找工作，但從來沒有真的去面對。每個人都不斷地告訴我，說我要跟人們「聯繫」才有工作線索，但我一接觸到別人就會覺得很尷尬，好像我都要靠他們來幫忙或向我伸出援手。有很長一段時間我都無法面對這樣的狀況。
>
> ——肯恩，48歲

這些因生活角色失落所產生的不安定因素，並不僅限於從有收入的工作被解職或退休。對許多經過長久傳統婚姻、主持家務的年老或中年婦女來說，因喪偶或丈夫離去而失去了家庭主婦的角色，至少也是個令人非常痛苦的狀況。面對——通常是意料之外的——關係失落的悲傷，她們同時也失去了妻子、廚師、家庭會計師、裝潢師和社交秘書的角色，這些不但是她們對自己認同的重心，也是發揮家庭功能的要角。此外，她們可能會對表現成功的求職任務而感到無助，她們沒有經驗，也沒有必須的技能來與有相關背景的年

輕人競爭。同樣地，就算她們能夠說服自己做再婚打算，也可能會
發現不是年齡不適合了，就是有孩子需要扶養，要找個合適的伴侶
可不是那麼地容易。因此，跟職業人士失去工作角色比起來，家庭
主婦的失落有更嚴重的危機，隨著財務狀況與個人存在的式微，她
們可能看不清自己的出路在哪裡。

> 當哈洛拋棄我投向一個年輕女人的懷抱時，我真是傻
> 眼了。我把生命中最重要的歲月都給了他，他怎麼可以這
> 樣對我？我真是覺得我的一生都毀了……我不再在乎自己
> 看起來怎樣，家裡是否像樣，什麼都不重要了。我花了很
> 多時間，靠著朋友的許多支持，才又慢慢開始感受到自己
> 的價值。

──柯妮，52歲

當我們走過朋友、親人和生活角色的失落，這會是一個什麼樣
的過程呢？即使十分痛苦，但我們又是如何從一個悲戚的狀態移向
人際和社交重新整合的地步？我們如何理解過去的失落，並找到向
前行的道路引領自己去到令人嚮往的未來？對於這些問題的答案，
我們先要想想如何對這些失落賦予意義，並且如何把那意義轉換成
實際的方法來重建我們的人生。

研究筆記

1. Mark Savikas在他所寫的文章中討論過這些從工業時代到後現代經濟的轉變，以及它們所涉入的職業行為，該文名為'Constructivist career counseling: Models and methods'。本文刊載於J. Neimeyer及R.A. Neimeyer所編輯的*Advances in Personal Construct Psychology*（第四卷），149-182頁，一書中。其中尤其值得一看的是他把焦點放在三個新近發展的生涯諮商上：個人建構理論、傳記現象學以及敘說範例，這些跟本書未來章節中要介紹的意義建構取向非常符合。每一個都有它自己的方法把個人解讀為自己生涯的經理人，並視個人工作角色在人生中的意義，而非只是客觀地用組織文化來定義這種角色。

2. 這裡的轉捩點之說是由Richard Price、Daniel Friedland及Amiram Vinokur（1998）發展出來的，該篇文章'Job loss: Hard times and reordered identity'，刊載於J. Harvey所編輯的*Perspectives on Loss: A Sourcebook*書中，由Taylor & Francis（費城）發行。他們持續發表有關這個轉化的理論，說明了如果能在經濟和社心層面上提供給失業者個人及社會資源的話，轉化的過程在那樣的功能下會是如何地不同。此外，他們強調個人認同和理所當然的想法（例如，個人尊嚴的自我控制）在這時受到侵蝕，也是再次與悲傷的意義建構模式不謀而合。下面將再做詳細說明。

3. 研究發現自殺死亡的案件裡有三分之一的人在結束他們生命的當時是處於失業狀態中，這對於失業與自殺行為之間令人挫折的連結做了真實的描述〔請見Ronald Maris（1992）的'Overview of the study of suicide assessment and prediction'一文，刊載於R. Maris等人所編輯的*Assessment and Prediction of Suicide*，由Guilford（紐約）發行〕。在看到這些令人感嘆的相關性時，很值得注意的是，介於失業與自我毀滅行為之間社會心理層面上的連結，與過多的年齡、性

別、婚姻、種族、心理動力及健康相關議題之自殺研究比起來，還是受到研究者的忽略。曾有自殺與工作之間的關連受到有系統的研究，但發現大多是從一個相當抽象的社會學角度來觀察及追蹤自殺率在經濟「蓬勃」與「蕭條」時期的波動，或是在不同職種（舉個例子來說，可以看看前項所提那本書中由Ira Wasserman所著'Economy, work, occupation, and suicide'這一章的說明）之間比較自殺率。不幸的是，對於失落影響的研究都太粗略，且科學特質過於濃厚；而近年才開始將失落調節為研究的重心，只是在人類生命中，失落卻早已是十分重要的角色了。

第4章

悲傷行動

> 重要的不是生命對你做了什麼，而是你如何處理生命
> 對你所做的事情。
>
> Edgar Jackson

　　照定義來說，喪慟是種「別無選擇的事件」。遭受喪慟的個體是刻意地選擇失去他所愛的人，這情形就算有，也是少數；就像在經歷死亡之外的重大失落時，也很少有人會放手讓命運來操弄自己。從這樣的觀點來看，至少我們該算是失落的「受害者」，是疾病、悲劇和不幸的非自願倖存者。如果能夠有個明確的選擇，我們就會避免事情發生。

　　諷刺的是，傳統上對於悲傷的瞭解可能還助長了這種被害感的永久存在。失落後有關餘波情緒的階段性理論，尤其可能將喪慟者塑造出被動的特質，硬將他們擠進必須承受但其實很難或根本無法控制的經驗中。在某一層次上，而且真的是這樣：我們無法去「選擇」不要因所愛的人的死亡或其他生命中的重大創傷而感到震驚、

生氣或沮喪。正如哲學家Thomas Attig曾指出，過分簡化的悲傷模式階段一直以來都誤導了它們真正要啟發的：

> 歷程的路徑別無選擇。更確切地說，喪慟者從理論上看來只是受到最初死亡事件的襲擊，然而最後卻被一連串接踵而來的事件和經驗席捲，這些事件與經驗是在一種無可避免的狀況下一一展開的，而且同樣地，這是別無選擇的。這個歷程就是會這樣發展下去。一路上，喪慟的人會遭遇到不受歡迎、壓倒性的情緒波動、體力不勝負荷、神智慌亂、靈性危機，以及大環境變動等的合成經驗。如果能夠給與足夠的時間和能力讓他們去承受，他們就能找到自己，進入重新找到方向的復原歷程或類似的階段[1]。

不幸的是，在哀悼的觀念裡，我們總以為哀慟者或其周圍的人對於他們的悲傷其實是無可奈何的，做什麼都沒有用；還認為遭受失落的人就只能默默地等待，以為「時間可以治癒一切」。對於這個觀點，Attig則有十分不同的看法，他將悲傷歷程形容為充滿抉擇的時機，這當中有許多可能的途徑或選擇，是我們可以認可或丟開、可以接近或迴避的。這個歷程的中心任務在於「重新認識這世界」，這裡所指的是一個因失落而永遠改變的世界。本章將介紹一些可能的抉擇與任務，有了這些依據，當失落向我們挑戰時，我們企圖所重建的新生活便能夠因為持續認知到不再擁有的是什麼，並為這個失落重新感到恩典而產生意義。

> 即使喪慟是個別無選擇的事件，悲傷的經驗卻被認為是個積極的因應歷程，充滿了許多抉擇。
>
> ——Thomas Attig

哀悼的挑戰

為要持續瞭解悲傷的積極歷程，悲傷治療師如William Worden
及Therese Rando將「任務」做出了摘要，這些內容被認為是喪慟者
必須要達成的一些事項，如此才能夠吸收消化並超越他們所面對的
失落[2]。這些任務在本書中又再重新規劃且擴充成一組對哀悼者的
「挑戰」內容，將依照個人特有的資源與其失落的特質而採用不同
取向。重要的一點是，要記得這裡的「任務」並非依照固定的順序
來達成，也不能用「結束或完成」來界定悲傷歷程的後續發展。事
實上，我們的整個生命流程在每一新生活情境中，都常常會重新學
習到有關失落的課程，就像那個因父親之死而悲傷的11歲男孩，可
能到了成年當他兒子成長到他當時那個歲數時，還是得要再經歷一
次悲傷的感覺。因此，填注於我們生命中的重大失落引起了一連串
的挑戰，這是在我們生命後期必定會一再回顧的部分。心中有了這
樣的認知，再將這些挑戰說得更為詳細就很有幫助了，包括從面對
新近失落個體的最明顯任務說起，到「悲傷工作」後段歷程如何表
達自己最微妙的部分。

承認失落的事實。別以為這件任務看來似乎沒什麼，它對我
們所造成的挑戰可能會十分複雜。達成此一任務的基本要求是：須
從深度情感的角度去學習失落課題，並且要能夠經過一連串看似永
不止歇的對抗，對抗那些因受傷、所愛的人的缺席，或曾經在自我
認知過程中扮演重要角色的人不在身邊而造成的種種阻礙。如果我
們所愛的人「在實體上存在，但心理上卻缺席」的時候，在此一任
務中，要達成一種「結束」的境界就尤其困難，比如因阿茲海默症
所引起的失智現象發生在父母親或配偶身上；或反過來說，當此人
「在心理上是存在的，但實質上卻缺席」也是一樣的，像是家有戰

爭失蹤者或孩子被劫持誘拐的例子。在這些案例中，放棄希望尋求治療或當家庭聚會時，都使人覺得好像是拋棄了那個所愛的人，尤其會發生問題的是當家庭成員之間對於其他人的復原歷程在現實生活中有了不同的期盼時。

　　承認失落的事實還有第二個重點，因為我們不僅只是以個人的身分悲傷，同時也是大家庭系統裡的一份子。也就是說，這個承認與討論失落的行為，必須發生在所有受到影響的個體之間。在家庭言談中，對孩童、生病中的人以及老年人尤其要特別照顧到[3]。當家中有人死亡，孩子們通常會因為我們錯誤地以為應「保護」他們而被忽略了。用委婉的語詞形容失落（像是「上帝把你妹妹帶去天堂了，因為祂想要為祂的花園增添一朵漂亮的花」）不但會使事實混淆，令孩子聽不明白；也可能暗示著孩子為失落而悲傷的感覺是不得體的而不敢公開表白。當面對離婚的情境時，也要有類似的謹慎。站在「保護」孩子不使他們受到這些重大事件傷害的立場，較有助益的方式是開啟與他們對話和討論的機會，聽聽喪慟中的孩子他們的感覺是什麼，用行動安撫他們，並且一再提供保證，讓他們暸解他們是被愛並會受到照顧。孩子們的問題必須以直接了當的答案回應，並考量到家庭中關於角色、分離、死亡或來生等議題所共有的信念。一個很好的依據法則就是：如果孩子大到足以提出他們對於失落所產生的疑問，他們的成熟度就足以獲得適切的答案。如果調整我們的溝通模式好讓傾聽者能夠懂我們所談的失落是十分重要的事的話，那麼在可以公開討論的圈子裡排除某種人的做法就會使當事人的悲傷受到孤絕，並造成日後的調適複雜化。

　　讓自己願意面對痛苦。當一聽到有關失落的噩耗時，麻木或使自己疏遠這種極度痛苦的行為是意料中的反應。但如果持續想要削減或逃避因失落而引起的苦惱感受，就可能產生延宕或慢性化的悲

傷反應。在自己私下的回顧或沉思時，或與親密友人分享談論時，喪慟者基本上都需要整理並辨識出需要特別照顧的微妙情緒是什麼。是否深深的孤寂感意味著你向外求援及抓住所愛的人的需求？是否一波波的焦慮顯示著期望慰藉的需求？是否一陣陣的自我譴責透露了想要為自己的努力找回公道並接納自己是人也會出錯的需求？如果沒有意願用長足的時間去擁抱痛苦，從這個課題中尋求收穫的話，我們就會在失落的歷程中盲目度日，毫無方向地嘗試去滿足外在的需求。對自我感受發展出敏銳的認知力，可以讓我們有方向感，能夠順利通過悲傷工作中後續的挑戰，這樣做也同時能夠培養一個人的深度及智慧。

　　另一方面，不間歇地將焦點放在失落的痛苦中，就像是直視太陽而不眨眼——事實上，如果這種瞪視持續太久是有害的。基於這個理由，當代悲傷理論家開始強調，哀悼典型上牽涉到間歇性的「悲傷工作」——進入一個人內在的悲傷、淒涼、焦慮等感覺、思念逝者、回顧照片——以及重新投入現實生活中家庭或事業上的任務，這不僅是任務本身需要照顧，同時也可以讓悲傷活躍期所帶來的極大痛苦有一個喘歇的機會。此外，就後面這點來說，較多「向外」地聚焦是比緊守著像「踩水游法」般的悲傷感要來得好些，它可以發展出需要用以因應環境變革的許多新能力。因此，悲傷典型上就是一個波動於感受（feeling）和行事（doing）兩者之間的歷程，根據悲傷者本身及其與逝者之間的關係以不同比例呈現著。從這觀點來看，如果一個人只選擇某一方向發展而摒除另一部分，最後就「深陷」在永不止息的思念或長久逃避痛苦的情境中，悲傷唯有在這種狀況下，才會變得複雜化。喪慟者因此有需要允許自己面對兩種情境，時而讓自己沉浸在悲傷之中，時而當實際需要或心理需求出現時，讓自己對悲傷的注意力有所分散[4]。

如果沒有意願用長足的時間去擁抱痛苦，從這個課題中尋求收穫的話，我們就會在失落的歷程中盲目度日，毫無方向地嘗試去滿足外在的需求。

修訂自己的假設認知架構。重大失落的經驗，不只是掠奪了我們的財物、能力或所愛的人，同時它也暗中破壞了不曾言明的信念和假設認知，那些就像是先前已建構在我們人生哲學中的積木。嚴重的意外事件摧毀我們不受侵害的想法，尤其是孩子死亡的悲劇有違我們對公平正義的看法，或甚至可能影響我們對上蒼的信仰。搶劫永久剝奪我們的安全感，原來被認為是「已知的事實」，在強盜入侵的那一刻就被搶走了。由於我們假設認知架構的無效證明而需要重新修訂其基礎，這對我們的行為、承諾和價值觀傳達了深遠的意義，而那都需要非常多的時間和精力，以及經歷失落事實之後其本身持續而長久的消化吸收才能達成[5]。

面對一個顯得很隨性、不公平，甚或充斥惡意的世界，我們可能有各種方式來回應，結果勝出的會是那些最終支配我們和我們周遭的人去適應失落的方法。一方面，我們陷入自我反責的情境，即使別人並不覺得我們有此責任，也還是責怪自己無法預見及預防這個失落。因此（回到本書第1章的故事中），當部門主管因為公司裁員而必須被「解職」時，他可能會不停地批評自己當初沒有看見問題，並在意外地被推到不確定的事業前途擔任一名「顧問」之前，自己就應該轉換到另一區域或機構工作。同樣的，那位年輕媽媽可能因為女嬰的猝死，深切而持久地經驗著帶有罪疚的悲傷，想像著要是當時她正好在場的話，孩子至今可能還活著。這種令人沮喪的自我譴責正是這一類案例的特色，它可能循環著出現，並且具有自我挫敗的力量；假設的認知是以為我們能夠控制住生命中最重要的部分，然而在某種層面看來，接受這種想法確實比完全放棄原先珍貴的假設要來得容易些。

　　而在另一方面，即使是創傷性的失落，要對失落做出回應也還是有可能的，藉著向有支持性的他人尋求協助，在過程中提醒自己，這世界並非真的那麼無情。甚至以較根本的說法來講，我們可以將失落視為是一記「當頭棒喝」，讓我們重審優先順序的排列，並確認我們對那些最珍貴的人和事已經付出了時間和精力，看到自己身為人類的極限。在重新看待一切時，我們可能會發現有些被失落損毀了的假設，其實是作繭自縛的假象，是我們用以對抗人類會有偶發事件和脆弱面之事實的想法；自我欺騙的錯覺讓我們相信「稍後總是會有很多時間」可以去關注重要的事情，當我們將貴重的時光經年累月地浪費在膚淺的關係和掛心的事情上，最後的結果便是營造了淺薄而含混的生活模式。藉由將創傷事實融入我們重新修訂的假設認知架構中，並將其看做對個人具有特殊意義，我們可能就會在悲劇中有所轉化，且因經驗而產生「愈受創，愈有智慧」的結論[6]。

> 我以前總以為如果我們每件事情都做對了，那麼所有的結果都不會出錯。你知道的，就像是順從父母、交對的男友、擁有一段故事書所形容的美好婚姻、然後生三個孩子、從此過著快樂幸福的生活。接著，有一天你的孩子生病而且死掉了，你就會想說：「這不公平！」於是氣憤跟著來。事情不該是這樣的，但它就是發生了。
>
> ——珍娜特，42歲

　　與失去的人重建關係。當失去親友，尤其是遭遇所愛之人的死亡或關係終結時，喪慟的人會感到似乎被迫要「忘掉」所失去的人，於是產生錯誤的想法，以為他們必須要「向前走，不能向後看」。事實上，舊時的悲傷理論時常強調從與死者關係中「抽離感情能量」的重要，如此才能夠「重新投入」新的關係。這樣的模式

似乎是假設愛就像錢財一樣，有固定的量，所以必須從前一個投資中提取出來，才能夠在別的地方花用。

有關喪慟者的當代研究教導我們的則是另一套不同課程。根據Stephen Shuchter及Sidney Zisook的研究，大多數的寡婦鰥夫都表示在配偶死亡超過一年後，他們仍持續感覺到配偶的存在；而在其餘的研究對象中也有大多數的人表示他們會習慣性地跟去世的配偶「說話」。此外，對於這當中大多數的人來說，這個亡者存在的感覺很有安撫作用，並不會令人困擾，這反而鼓勵這些未亡者在他們自己的生活中能夠安心進行需要做的事情，而非固著在過往的事情上[7]。Susan Datson和Samuel Marwitt也有類似的發現，他們發現在過去兩年中失去所愛之人的受訪者中有60%經驗到逝者的存在；而其中一半的人，對於感到逝者存在的形容都是很一般而無特定分類的，像是覺得他們所愛的人就站在床腳邊等等。然而，其中有20%的人說他們聽到或看到死者，另外又分別有10%和4%的人表示感覺到或聞到他們的味道。這些「覺察者」中有將近80%都認為這個經驗到死者存在的感覺令人感到安慰且受到支持，他們十分歡迎未來仍有類似的「接觸」機會。雖然對於覺察者做了測試，相較於無覺察者來說，發現他們有較高的「神經過敏症」，反映出他們多少有些焦慮和苦惱；但一般而言，經常覺察到死者存在的感受是正常喪慟反應相當普遍的一部分，而非舊時的悲傷理論所認為的精神或病理上的徵兆[8]。

觀看這些研究結果，我們也許可以更確切地說，死亡是關係的轉換而非結束。於是必須瞭解一點的是，不需要隔離自己對死者的種種懷念記憶，而是欣然接納它們並且轉換關係，使原來以實體為重的存在變成象徵的連結。這種懷念他人的持續關係有時可以透過珍貴的「連結物」來加以確認，例如老爸往生前穿的破舊毛衣，或死去幼童最愛的玩具等等。當活著的人為發現有意義的未來而須承

受艱苦的悲傷工作時，保留過去重要關係中的連結物可以延續我們原先因失落而中斷了的生命故事[9]。

其他形式的關係失落，像是離婚，就需要與我們情感漸疏的伴侶維持「真實生活」的連結；尤其是當家庭中還有孩子時，前任配偶需要尋求合作關係而非衝突迭起地履行親子任務，並且努力避免受到難以平息的憤怒的傷害。即使在沒有孩子的關係中，只是其中一方離開了另一位伴侶，也最好是將象徵兩人關係的紀念物打包儲藏起來（像是照片、禮物等等），而不是立即將那些東西丟掉。把這些令人感傷的紀念物拿開一段時間可以減輕觸景傷情的痛苦，但仍然允許自己能夠在未來的某個時刻，當「悲傷工作」需要我們採取新的方向時，可以藉著這些東西來整理自己的思緒。

重新定位自己。在非常真實的感覺中，每當我們失去一位所愛的人，我們的一部分就跟著死了。因為人類是群居的動物，藉由與生命中重要他人的連結來建構對自己的認同——雙親、伴侶、孩子、朋友——當失去這些人的時候，我們的一部分也跟著作廢了。這個具有特殊意義與我們分享過去某些重要部分的人，再也不會在那裡等著與我們共同回憶曾有的經驗，而這卻是雙方特殊關係賴以維繫的臍帶。即使在不那麼「激烈」的失落形式中，像是搬家至一新城鎮或轉換工作，失去熟悉的環境對一個人來說都可能會顛覆他的自我感，在建立新關係的需求上也是同樣的情形。無論我們喜不喜歡，都不可能在重大失落後再回到從前的自己，但只要願意努力，就能夠針對我們的新角色重建對自己的認同，並與舊時的自己保有連續性。

Tom Attig 發展出這套有關社會認同十分具說服力的見解；失落並非只是個人事件：由於我們跟其他人、活動和地點的連結象徵著一片蜘蛛網，而我們把愛投資在這片蜘蛛網中，於是失落使我們悲

傷[10]。在這幅圖像中，死亡與失落將重要的連結繩脈扯斷，而這卻是定義我們是誰的繩脈，我們只能十分努力且慢慢地與失去的重新建立起其他連結形式以修補這個損害，並與我們所信任的新世界做連結。

　　　曾經觸動、形塑我們的，都仍然與我們同在。

　　重新將自己投入的需求與重新修訂假設認知架構有十分密切的關連。當我們細看失落課題時，會以新的優先順序來看待生活事件，很清楚地瞭解到什麼才是重要的，什麼又不需那麼在意。當我們修訂了新的賴以生活的人生哲學，其實也修訂了我們自己，也許會為我們自己開啟原本已經排除了的可能性，發展了內在沉睡的技巧與興趣，或培養了先前未曾探索或忽略了的關係。在這樣的概念下，失落雖然削弱我們的力量，但也引領我們開發新的自我。雖然失去了熟悉的形式、事業角色以及關係讓人覺得不安，甚至受到威脅，但它也挑戰著我們使我們的自我認同增強，並隨著復原的歷程摻入得來不易的智慧。

　　　無論我們喜不喜歡，都不可能在重大失落之後再回到
　　從前的自己，但只要願意努力，就能夠針對我們的新角色
　　重建對自己的認同。

　　當一個人直接了當地迎向悲傷的挑戰，沉著地接受不能改變的事實，並有勇氣嘗試他能夠改變的，這個人所經歷的悲傷歷程實際上會導致什麼樣的結果呢？同樣地，心理學者的研究顯示了一些充滿希望的答案。在Shuchter及Zisook的研究中發現，雖然絕大多數的喪偶者在他們的失落事件發生後一年仍感覺到「他們的一部分不見了」，但事實上他們也都表示生活「是豐收的」，而且他們也會「試著自每一天當中獲得最大利益」。當我們處在抗議或絕望之

中，可能很難相信自己還能從失落的深淵中有所調適，然而度過煎
熬、自我調適——沒錯，還有成長——其實都是可能的。以一個較
深入的觀念來看，失落的痛苦就像一面鏡子，反映了支持著我們的
依附關係的珍貴之處，而生命的脆弱必然會提醒我們把生活紮根在
最需要關注之處的重要性。

> 神啊，請賜予我平靜去接受我所不能改變的事，請賜
> 予我勇氣去改變我能夠改變的事，請賜予我智慧去區分什
> 麼是可以改變的，什麼是不可改變的。
>
> ——Reinhold Niebuhr

研究筆記

1. Attig於1991年在他名為'The importance of conceiving of grief as an active process'的文章中提出這樣的見解。此文刊登於*Death Studies*，*15*，385-393頁。與傳統悲傷基本模式的被動性相反，一些當代理論家把它看做是一種需要努力嘗試進行自我調適的歷程，好讓自己適應於一個失去重要他人、地方或事物的新世界。在本章，我把重點放在強調認知與情感任務面的哀悼模式，這些都是悲傷者會遭逢的情境。這裡的模式代表著新進的理論，超越了悲傷理論的階段性觀點，至目前為止從它們所進行的一段時間來看，是向著一個將喪慟者本身視為活化劑，能夠奮力掙扎朝向生活轉化的目標而前進的做法。不過到了本書的第二部分，我就要承認這個理念是有極限的，並呈現另類悲傷概念的工作架構，是為**意義建構**（meaning reconstruction）的歷程，也是這第一部分剩下來幾章的討論中將預見的主題。

2. 請參考以下兩本書中的案例。一是Worden（1996）的*Children and Grief*，由Guilford（紐約）出版；另一是Rando（1993）的*Treatment of Complicated Mourning*，由Research Press（Champaign, IL）出版。Worden認為喪慟的孩子或成人所面對的四個哀悼任務，在個人調適失落的整體工作上必須要達到某種程度的解決功能。這四個任務包括：(1)接受失落的事實，(2)經驗悲傷的痛苦，(3)適應逝者不存在的新環境，以及(4)在生命中為逝者重新找一個位置，並找到方式來紀念他。Rando的觀念則較為詳盡，包含六個哀悼的「R」，每一項目都再細分次要的歷程。這六個主要的歷程包括：(1)對失落的認知（recognize），(2)對分離產生的反應（react），(3)對逝者及關係的追憶（recollect），(4) 放開（relinquish）與死者舊有的依附以及舊的認知架構，(5)重新調適（readjust）步入新生活，但無須忘記舊有的一切，以及(6)重新投入（reinvest）新的關係與事物。Rando更進

一步將她所提的「歷程」與Worden的「任務」做了一個區辨，因為
這兩套理論之間有必然性的重疊，而且隨著時日增加，亡者在這歷
程裡的角色是以非線性的方式改變的。兩個模式在臨床上都十分有
用，在辨識複雜性悲傷方面以及在促進它們的運用功能上也超越傳
統的階段性取向。

3. 此一指示是Froma Walsh及Monica McGoldrick（1991）於*Liv-
ing Beyond Loss*一書中提到的內容，此書由Norton（紐約）出版。他
們明確地借用Worden的悲傷任務模式，但將這些任務看做是應用在
家庭而非個人本身。此外，他們在書中提供了極有幫助的論述，是
有關失落的發生對家庭各發展階段之功能上的衝擊。例如家庭中母
親的死亡對其他家人所造成的調適任務，將因孩子是在5歲、7歲還
是在25歲、27歲而有所不同。傳統模式則顯得較不注重家庭情境和
發展狀況的考量，只將悲傷看做是一致的歷程。

4. 這「雙軌歷程」的悲傷模式以Margaret Stroebe及其同事所發
展的理論最有系統，他們所根據的研究不只是針對西方文化，同時
也包括悲傷規範十分不同的非西方社會。理論上，他們在「失落導
向」與「重建導向」之間做了分野，失落導向是指喪慟者進行情感
上的悲傷工作，對於他們的失落深入瞭解；而重建導向是他們以實
際行為來因應主要失落所引起的生活或角色上的許多次要改變。在
他們的觀點，擺盪於這兩個重心之間是正常的，而且也並不表示復
原歷程會有階段性的進展，或「成功」因應外在需求的調適期之後
就能使痛苦進入某種回歸歷程而有所改變。請參看Margaret Stroe-
be、Henk Schut及Wolfgang Stroebe（1998）所著'Trauma and grief: A
comparative analysis'一文，刊載於J. H. Harvey主編的*Perspectives on
Loss: A Sourcebook*書中，由Taylor & Francis（費城）出版。

5. 此一論點由Ronnie Janoff-Bulman及Michael Berg所發展，十分
具有說服力。他們這篇於1998年發表的文章'Disillusionment and the

creation of value'收錄在J. Harvey主編的*Perspectives on Loss: A Source-book*書中，由Taylor & Francis（費城）出版。如同其他建構理論者一樣（請見本書第二部分），他們視人類——即使很年幼的孩子也一樣——具有高度的歸納能力，能夠為自己和他人建構概化模式。在成人來說，這種歸納功能（像是「我會受到照顧」，「這世界是可預測的」等想法）是「我們最抽象、籠統的概念，駐留在我們情感—認知系統的最基層。在此，它們基本上會與直接的行為挑戰有所隔絕，較易於滿足我們對自己和環境之狹隘而特定的假設。」然而，基本的失落——尤其是創傷型的那種——都是殘酷地直接入侵這些理所當然的基礎，然後強迫我們對生命的展望進行大規模的修正，有時會更好，有時卻變得更糟。想要對創傷後症候群方面的治療歷程一窺更詳盡的臨床敘述，請見Robert Neimeyer及Alan Stewart（1996）的文章'Trauma, healing, and the narrative employment of loss'，刊登於*Families in Society*，77，360-375頁。

6.將重心移至失落所帶來的轉化歷程，Janoff-Bulman和她的夥伴回應了存在哲學家和心理治療師的觀點，他們認為面對我們終將朽毀的事實所產生的嚴峻與焦慮感是使我們活在當下的先決條件。W.G. Warren（1989）對於這點，在生死教育與心理治療方面有更精闢的說明，請見他所著的書*Death Education and Research: Critical Perspectives*，由Haworth（紐約）出版。另外還有Robert Firestone（1994）的文章'Psychological defenses against death anxiety'，收錄於R.A. Neimeyer所編輯的*Death Anxiety Handbook*，由Taylor & Francis（費城）出版。這個重建假設認知架構的主題在意義建構模式中扮演著重要的角色，本書第二部分將再做詳述與說明。

7.請見Shuchter及S. Zisook（1993）的'The course of normal grief'一文，刊載於M. Stroebe、W. Stroebe及R.O. Hansson所共同編輯的*Handbook of Bereavement: Theory, Research, and Intervention*一書

（23-43頁），由 Cambridge University Press（紐約）出版。

8.請見Susan L. Datson及Samuel J. Marwitt（1997）的'Personality constructs and perceived presence of deceased loved ones'一文，刊登於*Death Studies*，*21*，131-146頁。他們也發現覺察者與非覺察者在人口統計的分類上，如性別、收入和宗教信仰等，並沒有什麼差異；此外，兩組受訪對象都有同樣程度的良好社會支持度。最後有所差別的是，覺察者比非覺察者較傾向於具有外向的個性；而另一個意外的發現是有關研究對象的形象又正好與上述相反，那些感到死者仍存在的人相較於另一組人在他人關係上則顯得比較隱遁且疏離。

9.在保留連結物以作為往生者之「內在象徵」的主張上，一些最佳的當代思想是由Dennis Klass所提出，這是針對失去孩子的父母做了密集的質性研究所獲得的結論。想要看看他在這個題材上所發表的文章，請見1997年'The deceased child in the psychic and social worlds of bereaved parents during the resolution of grief'一文，刊載於*Death Studies*，*21*，147-176頁。

10.Attig於1996年出版的書，名為*How We Grieve: Relearning the World*，由Oxford University Press（紐約）出版。相較於其他與家屬心靈相通有關的議題（如Klass的發現），他提出了更為重要的發展，將焦點放在喪慟者實際所需求的事物以及認知的調適上，並將他的論述用於遭受多重失落個案深深打動人心的敘說中。因此，這很適合一般的及專業的讀者來閱讀。這套論述也非常符合本書第二部分的發展觀點。

LESSONS
OF LOSS
A Guide to
Coping
走 在失落的幽谷
悲傷因應指引手冊

第5章

社會關係與脈絡

　　將哀悼僅僅看做是個人歷程的想法真是太常見了，好像我們每個人都是一座受到一波波不幸事件連續衝擊的孤島，跟自己以外的任何人、任何事都無關。雖然失落確實有深遠的個人意義在其中，而且我們必須要尊重自己的需求私下做一些屬於自己的「悲傷工作」，但值得注意的是這個悲傷工作有很多地方都是跟確認、加強和擴增我們與他人的連結是有關的。本章把重點放在處於失落情境時，我們與他人的關係上，這要分兩方面來討論：一是從他人的角度來看看他們在照顧我們時可以提供什麼，其次也要反過來看我們可以給他們什麼。

 述說我們的故事

　　我們的人生就像一個故事。像是一部小說，有開端、有中場、也有結局。都有明顯的「劇情」結構，由一系列有意義的事件串接

起來，透露著我們是誰，並形塑我們所變成的樣子。這當中包含了各式各樣的角色，隨著時間交織在悲劇與喜劇的場景裡；而且它們可以根據生命中的重要時期分割成不同的篇章，而這些篇章的標題和組成都因生命事件的不同而各有特色（像是「天真年少」、「童年之死」、「法定年齡」等等）[1]。

當我們經驗到重大失落時，原先預期發展的生命故事被打斷了，就像是一部小說，寫到一半卻失去了其中一位重要角色，後面的章節勢必要重整；一方面對於消失的角色要做條理清楚的交代；另一方面要讓故事繼續發展下去，還有其他角色不能不顧；更有可能會再加入新的角色。重新修訂過的劇情可以重新建立新的自我認同、重整主角的力量或堅毅力，或可能在他或她下一次面對類似的狀況時表現出「勇士般」的意外成長。

我們如何才能為受創的生命重建劇情結構呢？可以找願意傾聽的人聽我們述說並重複自己的故事，每一位聽者都會有其獨特的回應，這就是述說所帶出的發展。正如心理學家John Harvey所指出的：「當我們與他人分享他們的故事時，他們其實是在為自己獨特生命經驗的意義命名並使之成形。[2]」我們說故事是種為一堆混亂事件排列順序的辦法，為這些事件找尋共同的潛在議題，並瞭解它們發生的緣由；如果無法接受，至少也能理解。在我們個人的悲慘故事結構中，我們想要回答的問題，像是「這為什麼會發生呢？」和「這代表著什麼意思呢？」公開地述說我們的故事是在為找答案尋求協助，或至少是在尋求他人的許可跟我們分享這些火燒屁股的問題。雖然無人能夠提供我們事先包裝好的劇情，讓我們為這些問題找到答案，為個人的未來提供航行圖；但在世俗或靈性的層面，他們也許可以對我們的議題有所啟發，讓我們將這些提示編織入那些需要答案的事件中；而傾聽的部分，可以助我們向前摸索進入一個較新的統整感。

> 我不想要別人跟我說什麼或給我忠告，我只是希望他
> 們願意聽我說話。我想要一說再說，把那些東西統統倒出
> 來。

——厄柏，52歲

研究顯示，能夠將我們失落的心情和故事與他人分享，確實
對療癒有幫助。創傷過後的倖存者，如果能夠向他人吐露他們的經
歷，在心理和生理的健康上都有改善、看醫生的約診較少、壓力徵
候減少，並表示對於他們所受到的折磨較不感覺沮喪和不知所措。
然而，傾聽我們失落或受難的故事，對聽者來說可能並不容易，我
們必須瞭解他們也是人，他們有自身的權利決定聽與不聽，同時在
個人優勢、極限與敏銳度上，每個人都有自己獨特的組合。想要從
他人的觀點獲得較為明確的看法時，可以考慮從家庭背景的角度來
談悲傷經驗，這樣可以較深入地瞭解家庭系統中的不同成員所受到
的衝擊。

> 當我們與他人分享自己的故事時，我們其實是在為自
> 己獨特生命經驗的意義命名，使之成形。

——John Harvey

 ## 家庭的嚴峻考驗

在定義上來說，悲傷似乎是種孤立的經驗。我們可能感到被自
己的痛苦所占據，並對於別人也會像我們一樣強烈地遭受到這種痛
苦而感到難以置信。當失去某個珍愛的人或東西時，我們可能會漠
視死者其他次要親人的痛苦，例如失去丈夫的人，可能會覺得死者
的兄弟或朋友比較沒什麼痛苦。即使在某些層面上，我們瞭解別人

也試圖想從這個相同的失落以自己的方式搜尋其間意義，也可能還是會掩飾這種不言而喻的真相，不願面對「我們大多數為自己的悲傷而尋求支持的對象，其實也在相同的失落中受傷了」的事實。且諷刺的是，我們卻讓自己向那些最不能夠提供支援的人伸手。

這是否意味著我們必須遏止自己的悲傷，才不會因為自己的痛苦而「波及」別人？其實絕對不是這樣的。從前段所陳述的事實，可以得到以下推論：儘管我們也受傷了，但對於同一失落中直接或間接受苦的人來說，在提供其支持系統方面我們還是最恰當的人選。只要我們別只是想著──或提供──「簡單」的解決之道來對付艱難的問題，這些問題是構成我們哀悼或他人哀悼的重要因素，因此我們可以跟那些所愛的人共同承擔這個失落的重擔，並唯有這樣做才能夠減輕沉重的負擔。

如果想要跟重要他人共度悲傷工作，就必須注意並尊重對方自己的哀悼方式。天底下沒有任何兩個人因應失落的方法會是一樣的，而且除非是在較為廣泛的儀式中，也沒有任何所謂「正確的」悲傷方式。這個說法對於某些狀況可能尤其難以接受，像是當我們遇到家人其他成員中有十分不同於我們的哀悼方式時──例如待在房裡不肯露面的青少年、把自己埋入工作中的男人、在公共場所情不自禁哭泣的女人等。如果悲傷的歷程與表達方式在家中跟其他人不同時，我們可能需要以更加敏銳的心思來找尋方法「結合」他們各自的悲傷方式，並營造體諒的氣氛，讓每個人都能夠用自己的話來表達他們內心特有的艱困。

> 瞭解到「我們大多數為自己的悲傷而尋求支持的對象，其實也曾在相同的失落中受過傷」，是很重要的。

悲傷的性別差異

　　在這方面，就像生命中許多其他議題一樣，研究指出性別的差異必須受到瞭解與尊重，正如伴侶的相互談話也要設法跨越差異的問題。以寡婦為研究對象的研究比對鰥夫的研究多很多，因此「女性的悲傷」較為容易理解。事實上，悲傷理論家是傾向於將悲傷工作重點放在情緒層面，有時排除了認知或行為方面的調適模式，這其實也反映出為什麼他們的研究對於女性對象有大量生動的情緒描素。相對的，男性因應失落的方法可能較偏向於理智或哲學的層面，或將他們自己沉浸在上百萬件功能性的喪事任務中──葬禮的安排、發訃文、與保險公司周旋等等。而當女性遇到危機事件時，往往會很自然地找到其他人來做相互支援，並坦誠地表達她們的感受；男性則感到需要恬澹寡歡，他們認為需要將「感覺推到一邊」以便可以「堅強」地協助他人。

　　雖然這些性向差異形容得很真實，但很重要的是，應認知到這些只是在描述西方文化中典型男性與女性的哀悼行為；而且也要明白，任何一個人都有不同於這種「一般反應行為」的悲傷形式。有鑑於此，Terry Martin和Ken Doka單純針對男性及女性在悲傷反應方面所做的研究較少，她們所做的是「女性化悲傷」和「男性化悲傷」，也明確地辨識出許多女性對於無法成功地「保護」所失去的親友而訴諸於理智、氣憤、罪過等反應，並主張自力更生──十分刻板地用男性方式來處理悲傷。同樣地，許多男士也會覺得用稍微女性化的方式來處理悲傷會令人感到舒服些，像是與圈子裡的朋友分享強烈的情緒及缺乏自信的感覺，或參加為失落所困者組成的支持團體[3]。因此，很重要的一點是，要瞭解我們每個人本身悲傷的方式，與在同樣性別「常模」中有什麼異同之處。

人們對於這裡所談的許多性別差異上的反應都感到滿意，並不會將之批評為女人的「弱點」或男性「缺乏關愛」等，但有些性別差異的特點就比較不受歡迎。例如Shuchter及Zisook發現，跟女性比起來，較多男性表示在喪慟發生一年或多年後有很高的酗酒問題，還有就是持續地無法「接受」失落的定局。他們認為這些發現與另一項事實有關，那就是男性在配偶往生後的第一年內是相對女性的兩倍以上較傾向於進入另一段情感關係，這兩位學者表示，男性有較高的風險會壓抑並使自己繼續向前超越失落所帶來的痛苦，而不願坦白面對。所以發現在失落後的第二年，女性多比男性有較好甚至優良的調適，也就不足為奇了；當然，這當中也有明顯的少數表示，她們在守寡的日子裡還是會有「無助感」[4]。

儘管有這麼多的不同之處，還是很清楚地可以看到男性與女性的悲傷歷程是相似多於相異的。譬如Shuchter和Zisook所提出的發現，大多數的男性與女性都表示在失去配偶一年後仍持續思念著對方，而且兩性都有接近的數字告知當想到死者時會哭泣。男性與女性之間比較相異的是他們尋求支持所使用的「方法」，而不是對支持本身的需求有什麼不同。舉例來說，喪子的父母親基本上都同樣地深受此失落之影響，但他們在這危機中向對方尋求支持的方式可能就不同。妻子可能想要跟她的丈夫討論孩子的死亡，但老公可能很快地轉換話題讓太太碰個軟釘子；而另一方面做先生的可能會想要跟太太親熱以尋求支持，但是這種在生理上默默尋求安慰的企圖卻被視為「不可置信的自私」而遭受拒絕[5]。以上所述正是這類案例常有的事，在這種情形之下需要做的是要有尋求「共識」的意願，在這個共識上，支持行為是可給與並是對方能夠接受的（也許是靜靜地透過非性愛的擁抱），並且雙方以誠摯的態度深入瞭解對方的經驗感受，如此才能在適合雙方需求的方式下重新確認他們之間的關係。

我們必須學會敬重與體諒他人不同的哀悼方式。

悲傷調適：十個實務步驟

　　雖然世間少有因應失落的鐵律，但在此我列出了十個較為實際的建議，用以處理生活中的各種失落。其中有些策略在重大失落發生之前就可以預做訓練，而另一些則只能用在不幸事件發生時——並可以對下一個預做準備。然而，要記得的是失落和悲傷是非常個人的經歷，不能夠以一式套用於所有哀悼者。

　　1.認真看待微不足道的失落。當鄰居要搬遷，花一些時間表達你的關懷；或當因房子太小或太大不合目前需求而要搬家時，刻意體驗一下悲傷的時刻。我們需要給自己機會來「演練」，以備生命中出現重大失落時才容易因應。同樣地，寵物金魚的死亡可以用來作為機會教育，讓孩子瞭解死亡的意義，和它在生命中所扮演的地位，為孩子做好未來將遭遇失落的準備。

　　2.花一些時間去感受。雖然面臨重大失落使我們窮於應付實際需求而難以擠進個人想法，但可以為自己保留寧靜的片刻，讓自己有獨處和專注的機會。寫下私人日記，把自己這段轉化時間的經歷和觀察記錄下來，對於情緒的釋放與理解是很有幫助的。

　　3.尋求健康的方式來解壓。任何種類的轉化過程都會帶來壓力，這似乎是不變的定律。尋求有建設性的方法來處理壓力，無論是透過活動、運動、放鬆訓練或祈禱都有幫助。

　　4.瞭解自己的失落。與其試著把失落推出你心中，使自己更加迷惑，倒不如為自己的經驗建構一個合情宜理的故事，它會變得更有前瞻性。一心想要排除痛苦的想法反而使之愈加旺盛。

　　5.找一個值得信任的人。負擔有人分攤，就不會那麼沉重。找

個人——家人、朋友、牧師或治療師——能夠傾聽你的經歷而不介入他們自己的議題。和善地接受他人關愛的表達和傾聽的耳朵，並明白你也會有可以回報的一天。

6.放開想要掌控他人的需求。其他受到失落影響的人會有他們自己的哀悼方式和時間，不要強迫他們遵照你的個人經驗來進行哀悼。

7.用自己覺得有意義的方法來為失落進行儀式。如果對於原來所安排的喪禮令你感到不足，不妨另外計畫一個儘量符合自己需求的追思會。尋找具有創意的方法來紀念非傳統的失落，使它符合你的個人風格與你的轉化過程。

8.允許自己有所改變。對於原來在我們生活重心裡的人物和角色之失落必會使我們改變。欣然接受這改變，從中發掘成長的機會，不過這會是甜中帶苦的經驗。致力於失落經驗中增強自己的方向，另一方面也認知到它曾經瓦解你的部分。

9.從失落中有所獲得。重新評估人生目標的優先順序，並在未來的行動或關係裡尋求機會，以便應用失落中所學習到的東西。將有建設性的想法表達在適切的行為中，或不妨伸出援手協助有需求的人。

10.把重心放在靈性的信念。把失落的發生看做是一次機會，讓我們回顧和重新看待理所當然的宗教信念或哲學思想，並尋求更為深厚和洗練的精神。

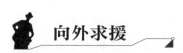 **向外求援**

統計數字告訴我們，平均每一位死者影響到一百二十八位活著的人的生活。從這角度來看，更確切的說法是我們都是悲傷系統的

一份子，而非單獨的個體，也不是單一的遭逢失落的家庭而已。就機率來說，也許我們所熟識的某個人目前正因重大失落而處於悲傷之中，這失落有可能是死亡事件、關係破裂或遇上生命轉捩點。即使我們自己也可能受到該失落或其他失落的影響，而這正是個向外伸出援手的好機會，適時地對他人提供支持和體諒。

然而，我們時常不願意這麼做，因為害怕「不知道要說什麼」。就算真的接近了悲傷的人，但還是會有個錯誤的想法，以為自己的責任是要「使他高興」或給他一些「建議」教他如何做才能有效地面對失落。當然，有些時候當他們來找我們時，的確是有類似的需求，也許只是想要有個放鬆的夜晚和朋友小敘一番，或因為經濟困擾而來尋求協助。大部分的悲傷者所需的東西是比較抽象的，但卻很重要——尋求分享其感受和故事的機會，而不會以為需要快速超脫痛苦或找到「速戰速決」的方法來處理這不容易的問題，卻因此感到壓力。

> 我很生氣。經過了那麼多年的婚姻，他竟然為了一個
> 年輕女人跟我離婚，而我卻還在期望我們會一起去旅遊，
> 共度快樂的人生。我真的很感謝朋友允許我生氣，並沒有
> 想要「處理」我的氣憤，她就只是靜靜地聽我宣洩並陪伴
> 著我。
>
> ——凱瑟琳，59歲

> 當比爾離開我時，我覺得自己跟其他的媽媽們格格不
> 入，就好像我做錯了什麼似的。但後來我加入了「單親父
> 母」支持團體，在那裡我才發現原來自己的經歷和感受是
> 很正常的。這給我的幫助很大，讓我瞭解自己並不孤單。
>
> ——如詩，29歲

很顯然地，我們有時想要以公式化的回應，像是「我知道你的感受」、「時間可以治療一切」或「上帝的運作是神祕的」等語言來給與他人安慰，企圖簡化錯綜的歷程。其實這一類的說辭對當事人來說有害而無益。事實上，我們並不能擅自推論自己瞭解一個有重大失落的人其個人的感覺是如何——尤其如果我們在一開始就從未讓他有機會表達自己的感受時。時間能療癒傷痛也不是真的；相反地，正如我們先前所討論，哀悼是個要面對許多挑戰的活躍歷程，而失落的疤痕，在某一觀點上來說，是會永遠跟著哀悼者的。即使是想要以「上帝的旨意」來形容失落以給與支持，也很有可能會引發悲傷者的憤怒，並加深其靈性上的危機。如果這一類的言語確實能夠緩減哀悼者的痛苦，那麼悲傷就會是個比經驗告訴我們的更為簡單的歷程。

> 不要跟我說：「因為你們的家庭夠堅強，上帝這樣做就是知道你們能夠承受。」

——捷基，28歲

那麼面對受到失落嚴厲挑戰的人，我們該如何回應呢？其實只有一個「正確」答案，而且要發自內心且真誠地表達，那就是用你對他的關懷和願意傾聽與分擔痛苦作為引導來回應。以溫暖柔和的開場白讓喪慟中的人可以感受到你們的談話是會有幫助的，例如「你今天覺得如何？」或「你願意談談這件事嗎？」把自己的主要角色放在傾聽的立場，而不是急著硬找答案或解決之道；分享自己的失落經驗和失去的親人也是常用的好方法，也許用一段特別的記憶或簡短的故事來說明死者對你的意義。要記得的是，你可以給他的珍貴東西，很少會是問題的解答或建議，而是你持續的陪伴並願意分享他深層的思想和感受。

我們所獲得最好的支持之一就是別人打電話或寫信
來，或來看我們，他們會聊聊我們死去的兒子，會提到他
們覺得他特別的地方。這些對我們真是太有幫助了。

——鮑柏，44歲

失業時，我無法跟老婆談這件事情，因為她跟我一樣
焦慮，而且不斷催促我趕快去找工作。但我老弟那時就真
的幫了不少忙，因為他只是以鼓勵的態度聽我說，並告訴
我他會想盡辦法來幫我，我知道他是認真的。

——雷伊，34歲

當喪慟者提出實質的需求時，不要不情願地協助。一位年輕的
寡婦可能在照顧孩子方面經常需要協助，又如年輕的寡婦可能需要
有人協助處理亡夫周邊的事業或生意，這對她是很陌生的。對於離
婚的人和家庭，若有社交集會，就可去邀請他們參加，而非將他們
放在一邊像「備胎」一樣地被遺忘。當然，在提供協助的形式上，
很重要的是要避免對性別或年齡因素產生刻板的想法，倒不如讓我
們對其人的瞭解來帶領我們的做法，或根據他們對問題的回應來行
事，像是「現在做什麼事對你最有幫助？」提供協助時應具體，假
如你說「如果有需要就打電話給我」的話，通常都不會有結果；也
許可以說「這星期的哪個晚上要我帶晚餐來嗎？」比較容易為對方
感激地接受。請記得，哀悼者之需求在傳統的支持（例如喪禮或弔
唁拜訪）結束後仍然會持續很久，而這間歇性的支持，尤其是在失
落後的一年之內，對於喪慟者是很有幫助的，可以讓他們與那個嚴
重被破壞的世界重新做連結。

協助哀悼者該做與不該做的事

不該做的事	該做的事
強迫哀悼者擔起角色，例如說：「你這樣做得很好。」這會讓他覺得心裡有負擔，不知不覺中產生不該讓你失望的想法。	開啟溝通的門。如果你不確定要說什麼，可以問他：「你今天覺得怎麼樣？」或「我一直在掛記著你，情況如何？」
告訴哀悼者「應該」做什麼。往好的方面想，這似乎是在加強哀悼者的無能感；往壞的方面想，你的建議可能會完全搞錯方向。	用80%的時間傾聽，20%的時間說話。很少有人能夠花時間傾聽別人深層的需求，試著做個少數人。你和哀悼的人最後都會學到一些經驗。
說：「有需要就打電話給我。」模糊的說辭含有拒絕的意味，而且哀悼者所收到的訊息是你在暗示他別找你。	提供具體的協助並主動打電話給哀悼者。如果你能夠尊重哀悼者的隱私，那麼每天日常生活的實質協助也是會受歡迎的。
建議時間可以療癒一切。失落的傷口永遠不會完全癒合，而悲傷工作可比這建議積極多了。	注意未來的「艱難時機」，在失落後的幾個月，仍須因應難過的情緒和困難的決定，此時還是需要積極地接觸。
派代表提供協助。你個人的出現和關懷才是最重要的。	在哀悼者的「身邊」。除了敞開心靈和關愛以外，其他的助人規則實在是少之又少。
說：「我瞭解你的感受。」每一位哀悼者的悲傷都是獨特的，因此還是邀請他與你分享他的感受，而不是假設你已經知道他的議題是什麼。	談談你自己的失落，並說說你是如何因應的。雖然哀悼者的因應模式跟你的可能不盡相同，但你的自我坦露也是很有幫助的。
使用陳腐的安慰語，比如說「天涯何處無芳草」或「這是老天的安排」，這在哀悼者來說，只是覺得你並非真的想要瞭解他的處境。	使用適切的身體接觸——比如說手臂搭在肩上或擁抱一下——當無話可說時。學習共享沉默的時刻而不覺尷尬，不用說個沒完地想要逗他開心。
試著要當事人趕快度過悲傷，像是慫恿他去忙別的事情，或把死者的東西送別人等等。悲傷需要時間和耐性，是不能依照時間預定表來進行的。	耐心聽悲傷者的故事，並讓他與你分享所愛的人的點點滴滴。當他逐漸改變而走向未來時，這可培養較為健康的連貫性。

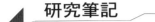 研究筆記

　　1. 廣義的「敘說革命風」近來橫掃心理學界和相關領域，此概念的中心思想在於人類是活在故事的形式裡，於是可以強調個人生命的劇情結構（重大事件）和主題（潛在的意義）。尤其跟現今議題頗為相關的就是敘說理論的發展以及心理治療的技術，而這也相當符合建構理論學者的框架，可以讓我們在第二部分對失落的描述有所瞭解。在此介紹一本很好的學術方面有關敘說思想的入門參考書，請見Donald Polkinghorne（1988）的 *Narrative Knowing and the Human Sciences*，由SUNY Press（Albany）出版。有關敘說心理治療的廣泛研究調查可以在Hugh Rosen及Kevin Kuehlwein（1996）所著的 *Constructing Realities* 書中看到，由Jossey Bass（舊金山）出版；以及Robert Neimeyer和Michael Mahoney（1995）的 *Constructivism in Psychotherapy* 一書，由美國心理學會（American Psychological Association, Washington, DC）出版。後面這兩本書包含了多面向的建構與敘說取向，而且兩者都提供有敘說模式演練的臨床案例。

　　2. Harvey於1996年貢獻了相關領域中最重要的文獻之一，這本引人入勝的書籍：*Embracing Their Memory* 是由Allyn & Bacon（Needham Heights, MA）出版。此書從悲傷療癒的角度將敘說資料整合起來，在此作者把研究、學術、文獻以及許多悲傷者的個人經驗匯集成書。這些悲傷者的經驗都是透過治療性的「故事述說」或針對失落事件在能夠理解的傾聽者面前建構敘述而獲得的資料。

　　3. 請見Terry Martin及Kenneth Doka（1996）的〈男性化悲傷〉一文。刊載於K. Doka所編輯的《與悲傷共渡》一書，由心理出版社（台北）出版；英文版 *Living with Grief after Sudden Loss* 由Hospice Foundation of America（華盛頓州）出版。這兩位作者對於男性的悲傷提供了許多有用的建議，包括促發他們天生對問題解決傾向的作

為、向他們確認情感上的失控是正常且暫時性的現象、鼓勵他們宣洩憤怒,以及尊重哀悼者的需求隱私。本書第二部分會在這些指引說明之後安排一份個案報告作為參考。

4. 請見S.R. Shuchter及S. Zisook(1993)的'The course of normal grief'一文,刊登於M. Stroebe、W. Stroebe及R.O. Hansson所編輯的 *Handbook of Bereavement: Theory, Research, and Intervention*,23-43頁,由Cambridge University Press(紐約)出版。

5. 這些結論是引述自Reiko Schwab(1992)的研究,'Effects of a child's death on the marital relationship',刊登於*Death Studies*,*16*,141-154頁。想要更進一步看看有關性別差異在悲傷反應與其對婚姻親密關係的描述,請見Annelies Hagemeister及Paul C. Rosenblatt(1997)的文章,'Grief and the sexual relationship of couples who have experienced a child's death',刊登於*Death Studies*,*21*,231-253頁。這些議題都會在第二部分,再就意義建構的角度來審視其處理的方向。

第**6**章

儀式與復原之路

　　到目前為止，我們已探索了悲傷工作中最重要的個人和人際的部分，這悲傷工作是我們獨自面對，或與家人或信任的朋友共同面對的一種情感上的挑戰。但悲傷工作，最終還是要超越一些小型脈絡並進入社會的範疇。所有已知的人類社會都有進化的禮儀模式，用以認可其間成員的往生。禮儀亦可確認生者之間正式或非正式的關係，且說明並讚揚死者生前所作的貢獻。本章將討論有關失落的儀式，以及其對生者在心理方面的功能。主要的焦點放在傳統喪禮之角色是如何為失落賦予意義的課題，同時也會簡短地討論到個人儀式在意義建構的歷程中又是扮演著什麼樣的角色。

 ## 儀式的功能

　　儀式強調著生命，它公開地為社會的群眾註記意義重大的轉捩點。從新生兒的滿月酒或宗教洗禮開始，一系列看似毫無止歇的儀

式一一展開，象徵著我們每一重要年歲，從慶祝生命每一歲的生日派對，經過認可我們每一教育階段之完成的畢業典禮，到宣告兩人之愛並互定終生的結婚典禮，到表彰畢生奉獻社會功績的退休宴。當這些事例一一呈現出來時，依著各種宗教禮儀（像是禮拜之後莊嚴的婚禮宣示）或民俗傳統（例如開香檳向新人敬酒）來與親朋好友共同慶祝，儀式就彰顯了它的保障與精神上的重要。

然而，如同所有社交禮儀一樣，圍繞在死亡議題上的儀式也隨著時空不斷在進展。跟著現代社會腳步的改變，有關失落的儀式已變得迅速而更具意義。尤其在美國文化中，對於死亡與喪慟處理的社會趨勢朝著「去儀式化」（deritualization）的方向發展，傳統禮儀中繁瑣的葬禮儀式、守靈、守夜，以及服喪期間的穿著對許多哀悼者和群體來說都變成多餘的。即使那些傳統儀式能夠被接受，且也有人相信其所具的意義，許多失落的特質卻又挑戰著人們的風俗禮儀。比如說死於自殺或具有汙名化疾病（如愛滋病）的亡者，其在某些基督徒主要聚會的宗教儀式上就可能產生困擾，而有些哀悼者（例如死者的情婦或亡者的前夫）可能仍被剝奪參加「正式」喪禮的權利[1]。再者，雖然大多數因死亡而失落的事件可以公開地進行紀念儀式，但其他失落（像是失業）在任何公眾場合則都是不會受到注意的。於是有些狀況倒是暗含了諷刺意味：例如我們用繁瑣的儀式來紀念婚姻的開始，但當婚姻結束時卻沒有告知周眾的儀式。所以公開的儀式有時可能無法符合我們精確的需求，因它們是為了確認大眾利益（像合法的異性關係之於婚禮，或生涯事業之於永生不滅的祝禱等）而設計的，有時就得犧牲個人的需求。

若要設計出較為適合我們各種失落的儀式，先多瞭解一下儀式存在的功能是很重要的。Bronna Romanoff和Marion Terenzio新近對適用於悲傷歷程的儀式提出了一些討論，十分具有說服力。他們將儀式定義為一種能夠保留社會秩序的文化機制，藉由這個機制我們

第 6 章
儀式與復原之路

得以理解人類存在中一些最為複雜的面向[2]。根據這兩位作者所述，儀式為我們的生命週期打造模式，為我們混沌的情緒進行建構，為事件提供象徵指引，並給與我們一個意義共享的社會結構。就像其他禮儀一樣，喪禮一方面提供了這些功能，一方面界定我們的悲傷並再確認我們的社會聯繫。若要考慮到較為個人化的失落儀式，就必須要考慮到以下三個重點，以符合悲傷者的需求：

1. **改變哀悼者對自己的感受**。當重新設定與死者的依附關係時，自己的感受也跟著改變了。例如身處死者墓地私自獨處的片刻，或在選擇死者紀念物計畫分送給親友時，面對著內在精神或個人歷程，這時強制給與了悲傷者在失去所愛後有一個沉思的機會，想想死者在自己人生中所扮演的角色。儀式對於轉變歷程具有象徵意義，可以反應出一個人因失落而改變了，但同時與死者的關係還是可以保留在一個象徵的形式裡。

2. **轉化到一個新的社會身分**。這個較為「向外」的歷程可以強制亡者與生者都以公開的形式做身分轉換。例如在亡者來說，是從一個活著的團體參與者轉變成精神與團體同在；在生者來說，可能是從妻子變成寡婦的角色。雖然在整體上，這社會層面的轉換對團體是很重要的；但並不必然暗指個人內在精神的調適也包括於上述轉化歷程之中。

3. **與失落做連結，是「切斷關係」的另類形式**。比如說，天主教的彌撒儀式或猶太教的以思高儀式（Yizkor）可以分別協助該所屬文化環境的生者對死者培養起後續連結，像是其中有即興或創作性的儀式（例如分享故事或回憶死者事蹟的習俗）可以協助撫慰生者對亡者的記憶，同時承認死者繼續影響著他們的生活。下面所述就是一些具有此功能的儀式。

傑出的悲傷諮商師Alan Wolfelt曾表示，喪禮儀式能夠協助我們對死亡的事實有所認知、向群眾公開說明死者的生平、讓悲傷在

結合文化價值觀的情境中有所表達、使哀悼者獲得支持、對於生與死的信念與看法欣然接受,並且對日後的生活維持連貫性且抱持希望。以這些觀點為主,Romanoff和Terenzio將禮儀模式做了變化、轉換並持續修改,考量到用什麼方法來進行失落儀式以幫助喪慟者面對本書在第4章所提到的那些「哀悼的挑戰」是很有用的。在此我們首先要討論的是喪禮中可以面對這些挑戰的方式,然後用個人儀式作為例證,這些促使我們能夠持續調適任務的個人儀式也可能會在失落之後很多年才進行。

> 禮儀的象徵可提供機會以表達我們的想法和感受,這是言語文字不足以伸張的部分。
>
> ——Alan D. Wolfelt

承認失落的事實。喪禮是向群體宣告某人死亡最正式的方法,它促進大眾認知到死亡的事實,提供了一個允許哀悼者將內心悲傷宣洩於外的場所和時間。無論是透過儀式前後正式的頌詞或非正式的交談,參與者可以表達並加強對死者生平的記憶;同時,生者之間相互照顧的聯繫也增強了。當家人討論喪事的點點滴滴時,也應該考量到孩子在儀式中的細節問題,讓他們事先瞭解會有些什麼狀況發生。如果直接將他們排除在喪禮的公眾場合之外,可能孤絕他們未來的悲傷歷程,並使他們對所愛的人的死亡沒有真實感而增添困惑。

用敏銳的心思來辦理喪事,也可以在公開哀悼的層面,同時照顧到個人對此死亡事件之內心感受。在喪禮和接下來埋葬或火化的階段,哀悼者就開始了一段向死者說再見的長久過程;而在瞻仰儀容的儀式中,給與大家一個與死者之間存有見最後一面的機會。不過,就整個悲傷工作來說,喪禮的部分可以代表著這是個開始告別的機會,而非一種必行的禮儀。因此當喪葬儀式的整體架構已有足

夠的機會引領喪慟者走過象徵著逝者已矣的功能時，就可以彈性考慮添加一些其他內容，好讓個別的哀悼者能夠藉此來面對失落的事實。

讓自己願意面對痛苦。美國文化的主流並不輕易地容許人們表達強烈的情緒，尤其是那些與深層失落有關的絕望感[3]。最好的方式就是開辦一個安排良好的喪禮，使痛苦情緒的經驗和表達都有較大的發揮空間，用關懷的態度來表現支持，讓人們知道他們悲傷是被認可的。此外，喪禮也意味著這樣濃厚的情緒是絕對不能無限承受的，有必要提供一個安全且能集中時間的環境，好讓人們安心地獲得慰撫。不用多說，雖然儀式會因次文化或家庭因素而有不同，大多數的喪禮儀式都具有多方特質（例如，家人、朋友及神職人員的探視，下葬禮以及追思會等），這基本上便促進了對死者悲傷的共識及相互慰問和安撫的機會。理想上，喪禮儀式和參加喪禮的人們可以協助哀悼者減緩如雲霄飛車般起伏的悲傷情緒。

修訂自己的假設認知架構。每日能夠生活在溫馨而理所當然的常規中實在是太輕鬆了。我們總以為自己會有一個完滿的人生、會跟我們所愛的人共度未來、只要努力就會有收穫、人生是公平的。我們甚至相信直接了當的宗教信念，以為上天會照我們喜歡的方式來回應我們的要求，或只要我們正正當當地做人，守護神就會保護我們和所愛的人免於受害。日復一日生活在所有的這些想法裡，我們以為宇宙的道理就是這麼簡單，只要人們有心就可以領悟到，於是允許自己大量運用預測與控制能力，就好像大家都會照著「遊戲規則」來。

創傷失落入侵了我們的生活，使所有這些假象殘酷地被擊碎。我們學到了生命可能很短暫、未來是沒有保障的，而且壞事會找上好人。重大失落使我們向上天提出質疑，那個孩提時代所習得的以

為祂會跟父母一樣地保護並寬愛我們的人，但現在卻發現沒有什麼簡單的解答浮出檯面，這使得我們產生危機感。總之創傷失落把可怕的難以預料帶入生命中，剝奪我們對命運的控制感，那是我們曾經安然舒適置身其中的地方。

喪禮是一種儀式階段（rite of passage），不止讓失落這艱難的課題活生生呈現在眼前，同時也起始了重建假設認知架構的歷程，那是個被死亡粉碎了的架構。一場令人感動的儀式能夠協助喪慟者重新與他們的信念基石連結，或促使他們走向更深層精神面的覺醒，並開始尋求更成熟的個人哲學觀。喪禮也以不可逃避的事實讓我們面對死亡以及人類的極限，它是我們為每日生活尋求意義的催化劑，而不再將重要的事情放到沒有保證的以後再說。如果我們在情感與理智的兩個層面上都能接受自己有一天也同樣會死的話，那我們就能夠真正做到「活在今天」，而不是忘卻自己的極限，汲汲於追求物質上的滿足與成就。我們想逃離死亡努力躲避它的心有多急切，我們離自己內心深處必死的課題就有多遠。喪葬禮儀可以將我們自己拉回來跟自己的限度靠近，它使我們跟內心深處的生命意義重修舊好，並將我們推向更為持久的價值觀。

與失去的人重建關係。當我們與死者的關係受到死亡影響而必須從形體的互動轉變成象徵性的媒介時，就會增加我們對死者記憶的仰賴以保持關係的「生命」。喪禮中的頌詞可以協助我們處理此一任務，重溫死者一生的重要事蹟，讓參加的人對其有完整且連貫的瞭解。更重要的，在正式禮儀之前、之中和之後大家所分享的非正式回憶及軼事，可以為主要哀悼者結合成珍貴的回憶錄，或呈現出死者不為人知的另一面，這可能是他在某種關係裡才有的獨特面。對許多家庭來說，喪禮過後實質上所留下的東西——訃文（譯者按：在大多數西方社會中並不使用訃文）、儀式的議程、軍職身

分之亡者下葬前披在棺木上的國旗——成為十分寶貴的紀念物，可當做活人與死者之間珍貴的「連結物」，對活著的人來說給與了此關係的延續感。儘管頗具意義的個人化紀念死者儀式可能要在葬禮過後很長一段時間才會進行，但喪禮本身在這方面有關哀悼的挑戰就經常能夠提供很實質的幫助了。

　　重新定位自己。所有哀悼任務中，恐怕最基本的東西就是重建一個新的自我以適切地符合喪慟者改變後的角色。在非常真實的感官裡，我們不再是失落前的那個自己，那是至目前為止我們對自己最清楚的認知，是我們最接近的關係。在正式的儀式階段中，喪禮在眾人面前公開將主要哀悼者之身分的改變提出並加以證實，這改變在各方面都具有象徵意義，包括從服裝穿著的方式，到問候與安慰的習俗。

　　至於重建與死者關係的挑戰，或正如Attig所謂的「重新認識自己」的任務，雖然在隨著喪禮結束之後的歲月裡會持續進行；但這需要那場喪禮的見證才會開始，然後在那裡面，可以感受到人們對喪慟者的新身分所給與的實質和象徵兼具的社會支援。

 個人儀式

　　即使喪禮可算是社會所認可的失落儀式中最明確的形式，並且能夠以健康的方式發揮上述所提出的所有功能來協助我們面對悲傷，但還是不能適切地讓我們完全達到紀念死者的需求。更嚴格地說，至目前為止都沒有任何一個現存的公開禮儀適合其他特殊形式的失落（好比說可怕的意外死亡、流產、離婚、財產的失落、被攻擊或罹病等），使得因這些失落而受苦受難的人，沒有一個正統的

儀式來支持他們，協助他們面對悲傷並尋求因應之道。

於是專為這些失落而設計的儀式就很有幫助，可以更進一步認可所愛的死者對我們的重要，或確認其他與死亡非關的失落其意義所在。在大型公共場所為為國捐軀的軍人所舉辦的紀念儀式（例如紀念諾曼地登陸戰役的D日，或大型災難或爆炸事件的週年紀念日等）便具有這類功能，此外群眾至越戰紀念碑或猶太人的浩劫紀念館去參拜也是。當然，參與這一類的活動能夠促進個人或精神上的成長，即使對於去了也不很清楚那些犧牲者事蹟的後代年輕人來說，無論死者是不是他們的家人或來自相同文化的人，都還是會有幫助的。

> 記得我去參觀美國浩劫紀念館時，走過那些歐洲猶太人的年表大事記，看到他們從德國希特勒之前的社區發展，到「水晶之夜」（Kristalnacht）暴力事件爆發，到希特勒滅絕猶太人的不可置信的「終結計畫」（Final Solution）。當我從紀念館上層的早期展示一路走到下層，那裡的畫面或甚至燈光感覺上好像愈變愈暗。等我到達死亡集中營時，自己都覺得麻木而恐懼，我想當時那些人的感受一定也是這樣的。最後終於結束參觀走回日光下時，覺得自己好像有從死亡中重生的感覺。只要是我活著一天，永遠都無法忘記那種感覺。

> ——凱倫，45歲

在規模雖小但仍不失意義的儀式中，家庭與個人對他們自己的失落能夠創造出意味深長的方法來紀念所愛的往生者或表達敬意，無論是在年節的祝禱中提及死者、用他的名義做慈善捐款，或在逝者死後多年又再度舉行追思會等，這些都可以提供生者真實面對的機會，那也許是當年第一次的儀式中所沒有的感受。對於失落，用

比較另類的方式來表達也同樣具有承認事實的功能，像是設計家族紋飾、在個人日記裡跟死者對話，或研究族譜以建構家庭樹等。一對年輕夫婦在一場車禍中失去了他們最小的孩子後，決定在往後的每一年以他的生日來作為「家庭日」。每年到了這特別的一天，父母親都會各自請假一天，另外兩個孩子也都會向學校請假，於是全家可以一起做一些有趣的事，像是遠足、至動物園，或只是一起做一頓特別的餐點，然後敘說分享與死去孩子有關的舊日往事。由於這樣的紀念方式不受喪事禮儀之時程的約束，他們可以花很多年的時間來幫助自己使受傷的部分慢慢痊癒、與死者說再見，並重新設定與他的關係象徵，或促使家庭在失落早期就有溝通機會，有些話也許在死亡事件發生的當時並沒有機會說出口[4]。

> 我父親死後的那個聖誕節，我媽媽和我們所有成年的孩子重聚一堂，回到林子裡的小屋，一切就像我所記得的那樣。那年，我們歡笑，也哭泣了很多，而且當時沒有一個人知道老爸不在的聖誕節該怎麼過。最後，吃過晚餐，當我們圍坐在一塊兒聊天時，每個人都顯得有些沉默。然後我忽然想到我們似乎少做了什麼，那就是，每年聖誕節的晚餐後，從打獵中學習到愛護那些野生動物的父親都會穿上他那很大件的橙色獵裝外套，然後跑到林子裡去走一趟，趕走到他土地上打獵的人；我們小時候都曾跟過他。於是我站起來跑到衣櫥去，找到那件橙色的大夾克，將它穿上就走了出去。我想，那樣做對我們是有用的。每個人都開我玩笑說是要去「小鹿巡邏」了，就像他們從前對老爸說的那樣，而我倒是真的花了一些時間在林子裡與老爸共度，感受悲傷與沉默。我覺得那時是那樣地接近他，似乎是他摟著我的肩膀在林子裡並肩走著。

> ——杰其，35歲

　　一些令人感動的另類紀念方式，其中一個例子是將個人和眾人兩個層面對死者的致意交織在一起，那就是「名冊計畫愛滋紀念被單」（Names Project AIDS quilt）的拼布活動。在活動中，家庭和死於愛滋病者的伴侶用縫製、刺繡、繪圖或柔件塑型的方式創作方塊布面來紀念死去的人，其中不乏非常個人的話語，像是：「親愛的Brian——留下最後一支舞曲跟我一起跳吧。」然後大家將這些個別的方形布塊縫製在一起形成一片片超大型的拼布被單。意味著這疾病為我們帶來的巨大失落，在這國度裡呈現於那麼大一張拼布中。之前在華盛頓特區展出時，這些被單的面積大到可以遮蓋那裡的整個購物中心。此活動將高度個人主義與合作關係埋藏於拼布當中的形式，讓愛滋被單呈現了理想的致意儀式，把個人對失落意義的表達整合在大眾共同完成的作品之中，使得這意義變得深遠而長久。

　　最後要談到的是非傳統的失落，這也應該要有個致意的儀式。寵物可以舉行埋葬儀式來說再見，而非只是將其處理掉，也許可以讓孩子有個特別的機會以藝術的形式來參與喪禮，像是唸詩、朗誦讚美詞等來表達寵物對他們的重要性[5]。象徵性的儀式也同樣可以建構對悲傷過程的認知，這個悲傷歷程是鍛鍊我們、造就我們的因素之一。一位因著喝酒過量而飽受離異痛苦的男士，由於孩子的離棄使他以「丟開酒瓶」為象徵儀式，決心要變成一個受孩子敬重的男人，期望他們可以再重聚。一對兄弟青年由於數十年前的家庭危機而被迫離開家園遠走他鄉，以重返家園的探訪作為象徵性的紀念儀式。某位婦女以籌劃家庭重聚的活動，可以象徵想要撮合家庭成員間之裂隙的努力，而當年發生裂隙的爭議如今恐怕早已忘懷。利用這一類或其他千百種方式，個人和家庭都能夠進行類似儀式般的活動來建立他們與失去部分，或與其他經歷同樣失落的親友們之間的連結。在這樣的過程裡，他們開啟自己去感受失落所帶來的雙重力量，一方面使我們陷入幽谷，而另一方面卻又豐富我們的生命。

悲傷是一個使我們從失去所擁有，走向失而復得的歷
程。

——Stephen Fleming

◢ 研究筆記 ◠

1. 只能在情感層面上悲傷，但在社會層面上，哀傷者卻被剝奪了參加喪禮追思會的權利，這在音樂電影「阿根廷，別為我哭泣」（*Evita*）中有生動的描述，劇中女主角艾娃‧佩隆是一位有名望男子的私生女，當她父親死去時，她被禁止參加父親的喪禮。雖然這種反對某些對象參與喪禮的默認在我們的社會文化裡已經不是那麼執著了，但不可諱言的是傳統喪禮至今還是會排除許多對死者很重要的哀悼者（例如，前任女友），一方面視某些哀悼者為具有重要身分的人物，而另一方面卻排除某些重要的人。

2. 請見Bronna Romanoff及Marion Terenzio於1998年發表的文章 'Rituals and the grieving process'，刊登於*Death Studies*，*22*，697-711頁。此文主要的目的是希望擴張儀式的概念成為「儀式階段」（rites of passage），將轉變、延續及轉化的歷程也納入其中，他們所建立的模式非常符合實際的失落儀式，除了本章有所討論，在後面的章節也還會再提到。

3. 我這個說法主要是著眼於形容文化主流中白人族群的現象，而其他很不相同的悲傷模式在非裔美國人與拉丁裔美國人的文化中則是許可的，甚至受到鼓勵。以令人動容的描述來做情感的表達，並與眾人共同參與喪禮，在南方的黑人家庭是很典型的模式，請見Annette Dula（1997）'The story of Miss Mildred'一文，刊載於K. Doka所編輯的*Living with Grief: When Illness is Prolonged*，由Hospice Foundation of America（Washington, DC）出版。

4. 其他一些禮儀形式可以修改成符合個人狀況的方式，本書將這些方法收錄於第三部分「個人資源」的章節中；此外，由Craig Vickio所寫的'Together in spirit: Keeping our relationships alive when loved ones die'文章中亦可查閱，此文刊登於*Death Studies*，*23*，161-175頁。由Robert Neimeyer（1996）所著的'Process interven-

tions for the constructivist psychotherapist' 一文，提供有治療性技巧的「說再見儀式」（leave-taking rituals）的例子（以拜訪與父親生前有密切關係的老地方，來協助案主用漸進的方式向她父親說「再見」），此文刊登於H. Rosen及K. Kuehlwein編輯的*Constructing Realities*書中，由Jossey Bass（舊金山）出版。

5. 我4歲的兒子Michael，在他所愛的倉鼠「茸茸」死去後做了一首詩來紀念他這位小朋友的生命。我們將茸茸放在鞋盒做的棺材裡，然後埋在後院。

> 茸茸是我們最愛的ㄔㄨㄥˇ物
> 也是我們的愛
> 我們希望他是ㄒㄧㄣ的。

他還要我們給他拍照，讓他最後一次抱著埋葬前的茸茸。另一方面，我7歲的兒子Eric，則決定不要參加這個小小的喪禮儀式，但他希望有人能夠詳細地向他說明茸茸為何會死，並想知道我對茸茸臨死前有沒有受苦的看法。這個例子說明了孩子的確是可以全程參與死亡的儀式，有時甚至是儀式的主角；而且要讓他們對於生命中無法避免的大大小小失落，有自己的調適模式。

第二部分
寫給助人者

意 義 重 建 與 失 落 經 驗

　　凱芮在34歲之前一直過著自認「滿意」的生活。相當富裕且活躍的她從高中時代到二十出頭，向來在同伴之間都非常受歡迎。第一次結婚組織家庭也是她一直所期待的；即使後來離婚，她雖然承認這是一段「不夠成熟」的婚姻，但因當時有足夠的外在資源與群體關係，因此這對她生活所造成的困擾其實並不多。唯有當她偶爾停駐下來進入內心深處時，才覺得自己缺少從別人那兒感受到的「深度」與「愛」；她生命的大部分時光都停留在「安逸與美麗」的原則上，在社交與群眾事務面來說總是順著可預測的方向前進。她的第二次婚姻是嫁給大學時期的戀人，生了一位健康的千金，並在數年之後懷了兒子，這顯然更加確定了她人生中的「平凡」。

　　然而，生了兒子雅各之後，一切都改變了。接下來的兩年，凱芮成為一位有先天性心臟缺陷嬰孩的主要照顧者，經過持續不斷的突發狀況與優先事務的犧牲，她過著接納與怨嘆交織的生活。在兒子存活的這兩年當中，每隔幾週就發現雅各產生更多的心臟衰竭症狀，凱芮一方面帶著他去就醫，一方面不忘祈禱希望能有奇蹟出

Lessons
Of Loss
A Guide
To
Coping

走在失落的幽谷
悲傷因應指引手冊

現，或有什麼醫療良策，好讓她回到期待已久的正常家庭生活。但日復一日，她只能哭倒在兒子特殊醫療設備的小床前，搥打著孩子的床，凱芮發現她的祈禱毫無回應。即使朋友或家人偶有支持，她仍覺得被困在一個令人筋疲力竭且抽乾情緒能量的世界中，被迫離開人群、夥伴，還有她一度熟悉的事業，就算像從前那樣偶爾膚淺一下也好。經過漫漫長日的就醫過程，最後雅各還是死了，凱芮頓時失去了方向而且傷心欲絕，她努力要為這一切找到答案，對她還有她的家庭做個交代，這究竟是為了什麼？但是沒有絕對的答案。

76歲的克拉蘿一生過著自我犧牲的日子。出生於保守的猶太家庭，是四個孩子中的老三，她學習並內化了猶太民族性中的堅忍，視奉獻為人生目的，忠誠待人為生命的終極原則。克拉蘿年輕時就進入護理界，在醫療環境中經常需要將自己的需求放在一邊以照顧那些無助的病人。她的個人生活都用在履行現實所賦予的義務上，像是在缺乏「工作狂丈夫」的支持下，全心投入獨自扶養三個孩子的日子，同時還要肩負居家照護年老體衰的婆婆的責任，直到其往生。

如今，克拉蘿已經年邁，卻面臨了兩難的抉擇而無頭緒。她的丈夫艾德經歷幾次中風後，因不能自理、無法溝通，且大部分時間只呈半清醒狀態而住在養老院裡，正逐漸走向死亡。現在存留在他身上的恐怕就只剩下永遠不會改變的壞脾氣與好鬥性格，如同他一向對克拉蘿在身心方面的長期摧殘一般；艾德不是像個小孩般地哭鬧，就是對照顧他的人大發脾氣，總認為養老院的人和克拉蘿對他照顧不周。克拉蘿任由這個每日探視所帶來的「凌虐與沮喪」折磨著，使她覺得唯有自殺一途才能夠脫離這種無法解決的困境，一方面又覺得自己有必要去關心這個會求她又會拒絕她照顧的男人。令克拉蘿的處境更為複雜的是她的大兒子里查，早已強烈要求她不要

自求痛苦地再去養老院探視他怨恨了一輩子的父親。克拉蘿無法做出這種「自私」的行為，因而和最愛她的兒子產生了疏離感，同時也覺得跟那個顯然恨她卻又無助的丈夫也很遙遠。

　　當我們想要努力瞭解許多失落形式，以及它們對活著的人的衝擊時，很快就會被推入傳統悲傷與喪慟模式的限制中。人們總是掙扎在非人道的需求上，我們都太習於將自己硬套進對悲傷描述過於簡單的形式中，而這正是傳統悲傷調適的階段性理論所提供的模式。這些理論不止是怪異地隱匿在它們自以為是的統一性悲傷症狀和情緒反應中，也忽略了我們本身掙扎努力所具有的獨特性，而這番掙扎與努力也正是我們獨一無二生命的一部分。經年來，與自己以及案主在生命中的種種失落嘗試著做接觸之後，我不禁要問，傳統悲傷理論對於我們調適所愛人之死的努力是否做了適切的描述？又是否適合套用在協助他人去適應那永久改變了的世界的工作上？這些經年的努力把我帶到了一個很不一樣的觀點，其他一樣關切著喪慟議題的臨床工作者、理論家和研究者也有與我相同的看法，這群人雖然為數不多，但正在逐漸茁壯中。這個與建構取向之心理治療產生共鳴的觀點[1]，是將試圖重建個人意義架構的工作視為悲傷歷程中的中心任務作為它基礎的認知假設。在這短短的篇章裡，我將描述幾個從此一觀點發展出來的看法，就以上述凱芮和克拉蘿的故事為例，來看看我們如何與這樣歷程中的人共同工作。也因此，本章所建立的幾個話題是可以與本書的第一部分相呼應的，尤其是那些強調著重建我們的假設認知架構的論點，以及在心理與社會層面上對自己重新定義的部分；還有就是尋求具有意義的表達方式，以象徵我們自己和他人在喪慟變故中的轉化。

傳統悲傷模式以及它們的限制

傳統悲傷理論大多數的原則就是去辨別一系列調適的階段或時期，從我們所愛的人即將或真正死亡開始，逐漸進入各種情緒反應的時期，直到此喪慟者最後完成某種形式的痊癒、和解，或其他類似的狀態。如今哀悼現象的階段性模式理論至少還可從Lindemann的研究中看到蛛絲馬跡[2]，他將悲傷細分做震驚—不信期、急性哀悼期，以及解除期；而這套理論中最具影響力的要算是Kübler-Ross於1969年所提出的版本，她所著的書*On Death and Dying*已經被翻譯成多國語言版本，甚至超過《聖經》所翻譯語言的數量。Kübler-Ross的研究焦點在於情緒的轉換（從否認開始，逐漸進入憤怒、討價還價，以及沮喪的階段，最終可能還是要進入接受狀態），其研究對象是以末期病患面對自己即將死亡的歷程為主，不過如今將這個理論應用於一般大眾失去親友的悲傷模式也已經很普遍了（但也許並不適切）[3]。大部分隨著喪慟而來的階段模式都像是這兩組描述的綜合或變形組合，像我先前在第一章所陳述的因應失落的幾個面向：逃避、同化與調適便是一例。如果將這些只是看成步驟性的模式，那就十分清楚而受歡迎，廣泛受到一心想要瞭解失落之複雜性的專業人士和一般大眾的重視。

還有些不那麼直接的說法也支持著哀悼的階段性理論，是從失落之比較發展的研究中演變而來的，然而大多數有關悲傷的研究對於這類模式都無法證實其效度和信度[4]。尤其在實際經驗上，研究結果能夠支持不同心理階段之存在的不多，能夠支持心理狀態是依著順序發展的就更少了。隨著失落的發生，很多人並沒有呈現理論上所主張的狀況，或者他們也不曾經驗到足以辨識的變化次序。事實上，對於失落的回應形式及情緒反應的順序與時程在每個人身上所呈現的樣貌有極大不同[5]。

　　由於缺乏實徵的證據來支持階段性模式，同時根據在臨床上的觀察和個人失落經驗，我排除了許多傳統悲傷理論固有的假設，並放棄因這假設而衍生的一些臨床工作模式。我不再假定人們在失落之後所經歷到的是一連串放諸四海皆準的階段或任務，或認為悲傷歷程最後應以「痊癒」為收場。我並不相信喪慟中的人能夠被動地因為強加於其身上的外在事件，而與所產生的一連串心理變化做妥協。我也不支持正常形態的悲傷能夠被界定或透過診斷，以及偏離這一類的悲傷歷程就被認為是「不正常」或「病態」等的論調。更為抽象些，我會想瞭解情緒上的反應而非行為或意義，這才應該是我們悲傷理論須考量的主要焦點。最後，我對於喪慟之傳統理論所提的個人主義成見也有疑慮，他們主張悲傷純粹是個人行為，是超乎於人類關係情境之外的經驗。所有這些論點促使我朝向一個另類的悲傷模式發展，立基於重大失落之後意義重建的建構或敘說理論。經過對這類理論所設計的準則做一些摘要之後，我將根據悲傷治療與悲傷輔導的特性提供幾個有關處理假設架構的「工作要點」。

 ## 為有效的悲傷理論打造一套準備

　　從建構理論的角度來看，有效的悲傷理論需要能夠符合幾項準則，這跟傳統的理論是不同的。首先不預設立場地以為死亡對人類來說是眾所周知的重要議題，必須將個人失落的事實透露給他人知道，不要忽略個人經歷、文化、家庭或其本身狀況等因素。與其強迫當事人進入一個制式的框架中，倒不如對死亡及其隨著時間所帶來的改變，有彈性地發揮它們背後所隱藏的重要特質。其次，當面對死亡的挑戰時，應將人們視為處於主動的地位，而非只是被動的

回應者。在實際狀況中，這就表示我們所需建立的失落模式，應該使我們有足夠的敏銳度去辨識人們會使用的各種方法，從中看到個人與群體在面對失落以及將失落同化時，是如何使其成為個人的和團體共享的信念。第三，這個理論應該用豐富的描述來說明失落對於個人的意義，而不去暗示「正常」的悲傷該是什麼樣子。在臨床上，諮商師或治療師應該去探索他們在解讀任何特定失落時的限制與條件在哪裡，而非理想化或病理化他人特有的悲傷形式或結構。第四，工作重點應放在主導情緒、行為與生理反應，令我們深信不疑的意義上。因此，與其先設定立場將悲傷看做是失落後情緒上的後遺症，倒不如從全人描述的角度來看待喪慟調適的歷程。第五，此模式應該要能表現出一個遭遇失落者的世界是永久改變的事實，並非暗示在「復原」之後可以回到事件發生前的狀態。延伸這個精神，此模式便應該可以讓我們追溯悲傷個體內心與生命歷程中一路行來的變化，就不會一心只想協助案主重建成失落前的樣子。最後，當我們維持在一個高度個人化的悲傷模式中時，有效的理論可以協助我們針對在社會和家庭的情境來考量並處理悲傷。在此整理出一些關於有效悲傷理論的基本準則之後，讓我們一起來看看同事與我所提出的幾個提議，無論是在研究或臨床工作上都十分具有建構作用，同時也希望能夠為構想中更加廣泛的建構派悲傷理論預先鋪路。

基本前提

在這近代臨床工作上相當具知識性的理論中，建構主義者視人類為一種根深蒂固的意義建構生物，以建構有主題的行為努力去強調、整理並寄望他們與這世界的關連，這些主題表達了他們自

身特有的文化、家庭以及性格。在個人層面上來說,就表示人們會去建構意義的特質系統,一種圍繞著一套假設核心而整理出來的信念,這信念一方面掌控著他們對生活事件的認知,一方面引導著他們的行為朝向自我期許的方向而行。然而,剛好相反的是,其他許多理性認知理論卻將這樣的經驗解讀為「非理性」或「失功能」的表現,認為這是因為他們無法反映「客觀」的真實面。建構主義的學者則認為人類無法超越他們自身的理解,而進到一個絕對簡單的認知系統來面對真實生活;相反地,他們必須要根據自己實質的效用、個人內在的一致性,以及他們與重要關係人的共識來建構並判斷事情的可行性。其中一個對於此主張的應用就是看待心理「疾患」的概念變得相對化了,也就是說不同的個體和群體可以採納非常不同的標準以決定任何特定事件的架構,將其視為有效或無效、有功能或失功能。不過,一般來說,人們傾向於建構一個具有內在一致性、社會支持性的意義系統,而且這個意義系統要能夠提供一定程度之安全感,以協助他們能夠預期並融入那些成就其人生故事的重要經驗。因此,任何別人為其預先設定的架構都被視為是有問題的,只會使得上述目標無法達成[6]。

採用建構主義的基本主張來作為失落理論的開端,這顯示著某種含意,而此一做法可讓我們開始共同籌劃出不同的工作架構,以瞭解悲傷所帶來的調適歷程。當然,我知道其他的悲傷理論也發現傳統理論的缺失,並開始尋求更為適切的哀悼模式,他們也有和我在此所提出之方法相同的東西。事實上,我猜想這整個領域,在瞭解重大失落與它在人類生命中所扮演角色為何的工作上,正逐漸朝向一新典範的發展中,同時我期望現今的工作可以在這方面提供適度的貢獻。有鑑於此,在有限的空間裡,我將重點放在其他作者的發展上,他們的那些內容正與我自己的十分吻合,這樣就可提供一個概念性的平台,以便為悲傷治療的實務工作規劃出新的原則和程

序。

　　在工作的一開始，我摘要出六項明確的重點，這與建構主義的論調十分搭配，然後可將它們放在一起提供一些全新的好觀點，讓我們看到人類生命的極限和喪慟現象。在這當中，我偶爾會引用一些研究以支持該論述，或證實其在悲傷歷程中的重要性，之所以提供這些，主要是為了要給與一個假設性的架構，用以引導小說情節般的發展，以及相關於喪慟的實務運作，而不是為了要介紹研究結果的精華[7]。

　　1.死亡事件證實我們以生活經驗為基礎的假設認知架構是否有效，或也可能是一種不在我們架構中的全新經驗。

　　如果我們視人類為一種會建設獨特意義架構的生物，那麼無論死亡是否肯定了那些指引人生方向的意義，我們都需要瞭解它是如何進入這樣一個架構的。在日常生活中，我們每個人都習以為常地解讀、期待和規範著與他人共同生活所織就的大網，而我們也受這張大網的支撐。那些默會意識中的假設提供我們基本的想法，像是對於往事的順序、對於現今關係的熟識度，以及對未來的預測等。失落經驗若符合我們建構中的輪廓（比如說，老人家的「壽終正寢」，或戰士為我們所支持的理念而「英雄式」地犧牲自己等），就對我們的假設性架構提供了強而有力的實證；然而死亡的形式如果跟我們所建構的核心理念有差距時（像是所愛的人之自殺，或配偶或孩子因慢性病而受折磨至死），這就挑戰了我們最珍貴信念的正確性，以及理所當然的生活準則。在後者的情形下，我們對生命的解讀、期盼和安排模式會有很大的重建；而且從他的死直到我們自己的死，這之間可能永遠都無法全然完成這個任務。從建構主義的角度來說，最重要的是，某種特殊形式的死亡或失落造就了我們現今整合經驗的方式，而不是死亡本身的「客體」性質。也可以說，將某種形式的死亡（例如暴力、驟逝）視為生者固然會有的創

傷，將造成誤導；除非這些形式真的徹底不合於其人、其家庭或群體之架構。

論及死亡是如何地支持著或挑戰著我們先前對生命的建構，在此可用理論家Colin Murray Parkes的研究來構築此一觀點[8]，他將人們的假設認知架構定義為一種「內在的模式」用以比對外來資料，以便指引自我、認知發生的事實並計畫回應行為。這套「資料處理」的詮釋法意味著人類是在一種高度認知與自我覺察的形式中運轉的；Therese Rando則表示我們大部分的假設「都會轉譯成自動化的認知與行為習慣」，以致於我們可能並未注意到依附在某種關係裡暗藏的期待，直到我們失去那個關係[9]。

當一些很有價值的研究從這個觀點來將創傷性失落與一般解讀生活事件之基模（好比說，把世界看成美好的、人生是有意義的、自己是有價值的）的崩解做連結時，事實上也可能同樣顯示著對這些認知的扭轉，並能夠考量到不同的解讀方式將減緩或加重失落所造成的衝擊。例如，Mildred Braun及Dale Berg的質性研究發現那些能夠將孩子的死亡與先前個人信念或靈性信仰結合並同化的母親，其悲傷徵候群較不明顯；同樣地Elizabeth Milo也發現，孩子因慢性疾病造成發育殘缺，因而失去這孩子的母親，從孩子的生存、受苦與死亡中找到個人意義者對於失落的因應較為良好[10]。這些研究指出特定失落是可以從個人既有的架構中找到意義的，或可能就此毀壞這個既有的架構。

雖然關於悲傷者之假設認知架構的研究已走上了正確的方向，但對於非常個人層面的意義建構歷程卻乏人問津，不像社會正義或個人自我價值，或生活事件之意義等的探索，這是個很難以一般研究來完成的工作。例如，雅各拖磨的疾病與死亡歷程就否定了凱芮原先對生命所持有的輕鬆而富裕的看法，月復一月的痛苦經驗衝擊著她，證明著之前的生活方式無法因應眼前的挑戰。不止是她之前

既存的生活哲學使她對兒子先天疾病所帶來的複雜悲劇沒有做好準備，同時孩子的死亡也引發她需要深入地重新評估事情的優先順序、她的關係，甚至她對自己的觀感。這就是接下來第二點將要討論的，當人們面對死亡或失落時，便無可避免地具有著建構意義的本性。

2.悲傷是一種個人歷程，一種感受到我是誰，既熟悉又錯綜複雜的獨特經驗。

唯有在日常生活中，我們對自己基本的感受有所建構、維護以及改變的情境下，悲傷才能全然被瞭解。我們的個性、觀點和性向既不是由基因決定，也不受環境左右，而是由我們自己對所依附的人、地、事、物的投入所決定的。人們一路行來，不斷地在整理對自己的認同，對生命中所遭遇的事件建立個人理論或給與詮釋，以統整自我和世界的關係。當事件的發生動搖了我們和世界的關係，我們的回應就是試著將事情朝符合原有的整體理念與認同來做解讀。當這些努力都行不通，而我們最基本的自我感遭到襲擊時，對原來熟悉的事實就失去了掌控而產生不安，於是被迫要重建另一套假設認知架構。

這個說法在我們對於悲傷的概念及其對個人之影響的評估上，倒是提供了一些見解。由於悲傷是個人意義建構的深層歷程，無論對說的人或聽的人來講，都很難用一般語言來捕捉；要把這種崩解的歷程轉換成臨床上的術語或階段性精確的語言尤其困難。這顯示了我們身為一位照顧者的角色所面對的挑戰應該是，更為深入地探索失落意義的特質與私密的內在性，那時常會迫使我們在面對悲傷者時，必須超越支持性的制式表達，或先入為主地想像他的失落感會是什麼。而是用更沉靜的態度讓此特定的失落把我們帶入聚精會神的聽者角色，為每一位案主的喪慟經歷找出意義的線索，而且可

能要用隱喻或想像的方式來傳達，會比一般大眾的言辭更為貼切。

　　私密的內在性需要經過探索，以及為與死亡有關的多重失落命名。私密的內在感覺必須要透過努力而獲得，並非想當然地存在；此外，在未成熟的時機就想要做「臨床診斷」，或甚至給與「協助性的建議」，基本上都會使照顧者無法真正觸及悲傷者的經驗。就最基本的來說，親人朋友（無論是我們曾經愛過或恨過的）之失落將引發自我認知的深刻轉變，對於這點我們需要看到更深的層次，若是沒有其他人可以替代那個關係獨特的位置，那麼過往曾與逝者相處共享的種種面向便永遠地隨之消逝。因此悲傷不只是重新認識一個被失落破壞的世界的歷程，同時也是Attig之調適面向中所提及的重新認識自我的過程。

　　這個歷程中的一些錯綜複雜的事物可以從克拉蘿試圖與長期臥病且瀕死的丈夫之相處的處境中看到。基於一生無我無私地對他人付出──可能已經變成一種受難的程度──這就是長期以來她所建構的自我認知，如今卻發現到了艾德生命中的最後幾個月，自己仍無法解決與他數十年來的「未竟事宜」，或重建與他之間的關係。當年能夠使她在敵對環境中生存的意義信念，到了晚年卻使她困陷在不得安寧與無法接受的地步。以同理的態度抓住這種心境並跟她討論這當中的難處，看到這個難處其實是來自她對自己以及婚姻所建構的認同，在探索當事人之意義架構的工作上，可以作為切入的開端；這也使我能夠展開工作，協助她尋求其他象徵性的方式來與艾德「結束對談」，然後轉移她的關注至其他人身上，以便穩固自己的核心認知。

3.悲傷是我們可以自己作主，而非受制於人的事情。

　　很明顯地，像喪慟這樣的事是一種「無法選擇的事件」，我們很少會有人自願選擇失去所愛的人。正因為如此，我們在經歷到

這樣的事情時，便將其視為一種生命中不受歡迎的入侵者，儘管我們激烈抵抗，它仍拒絕退避。死亡的陰影使我們感到無助且不知所措，同時也使我們感到自己就像宇宙戰場上的一隻馬前卒，這件事令我們無論如何都難以理解。

然而，我們所愛的人之死雖然是個艱難的事實，令人覺得無力抵擋，但悲傷經驗的本身卻可以有許多選擇。就最基本的層次來說，我們可以選擇是否要處理因失落而引起的困擾；是否要感受並探索死者消逝所帶來的悲傷；或是否決定不理會或壓抑個人的痛苦，將焦點放在外在事實改變了的調適工作上。對於密集的「悲傷工作」擺盪於投入或逃避之間的行為，正是Margaret Stroebe及其同僚所提出的悲傷「雙軌理論」模式的基本概念[11]，同時對於兩方面的歷程發展都有所重視，能夠幫助我們廣泛瞭解到不同文化中的各種哀悼行為。

在較為明確的層面來說，悲傷可以有數百種實質的選擇，包括是否要肩負起對體弱親人的照顧，還是將責任託付給他人；是否要瞻仰死者的儀容；是否要保留或處理掉死者遺物；是否要繼續住在曾與死者同住的屋子裡；打算如何並向誰訴說自己的失落；是否要為死者舉行儀式，如果是，又要用什麼樣的方式；還有，如何與失去的親人繼續在內心或精神上保持著關係。於是，可以看到這些事情遠超過被動歷程所謂的「等待」一系列可預期的情緒轉換，悲傷需要更為真實地被視為是加速抉擇的時期（包括存在的與可行的兩個層面），好讓悲傷的個體偶爾也有機會對隨之而來的挑戰感到不勝負荷。將悲傷當做是非常積極的歷程，顯示著其對我們的價值，這不只是因為它與真正悲傷者的經驗有了更加密切的呼應，同時也給與悲傷治療師更有利的方向，讓他們扮演促發的角色，使案主在面對許多細微的抉擇時能夠敏銳地因應，並協助當事人對於自己的（無論是有意識的或無意識的）選擇有所篩選。

　　克拉蘿的困境顯示出抉擇上似是而非的特質，而且面對失落的
調適必然成為一種積極的歷程。以客觀的實情來看，艾德的病很顯
然不是克拉蘿意識下的選擇；即使在較無意識的層面上，她可能發
現自己在某些受虐的時間點上或跋扈的婚姻中其實是希望他死的。
然而，現在面對著艾德中風後的殘疾，她卻又顯得被許多選擇包圍
得喘不過氣來。她是否應該將他轉到猶太教的老人院，使她原本就
脆弱的經濟狀況更加不穩定；還是要冒著風險將他留在非宗教機構
裡，讓家族成員或猶太教友對她不諒解？她是否該聽從兒子的強烈
主張，不再經由偷偷溜去探望她那凶神惡煞般的瀕死丈夫而虐待自
己；還是應該保持對婚姻的忠誠，「至死不渝」地盡到對艾德的義
務？也許還有最要緊的，她是否應該──她能否──設法生活在這
種左右為難的日子中；還是讓家庭蒙羞，選擇懦弱地逃避，一死了
之？以她的狀況跟其他人的比起來，解構這些問題所用到的大部分
治療工作，都會是引導出較為樂觀解答的好方法，而且可以讓她把
注意力聚焦在丈夫死後的生活重建過程中，才不會那麼地令人覺得
動彈不得。

　　**4.悲傷是一種確認或重建個人意義架構的行為，因為這個架
構受到了失落的挑戰。**
　　當失落使我們發現原來對生活看法非常個人化的假設認知架構
失效了的時候，這便挑戰了我們因應調適主觀經驗與客觀需求之間
的衝突，而必須重新建構一個可以再度合理化的架構，而這個架構
可使我們從此轉變的生命意義、人生方向，以及對生活的詮釋有所
復元。
　　作為一個意義建構者，我發現敘說模式對於去瞭解這個意義重
建的歷程很有幫助，我將其視為悲傷歷程的中心動力。如果將生命
視為一個故事──雖然是個文字加上我們的行為與承諾所結合成的

東西——然後失落可以看成是一種打斷此故事之連續性的事件，對此失落之前與之後所做的陳述造成完全不連貫的威脅。就像是一部在中間的章節裡失去重要配角的小說，生活因喪慟而中斷，迫使故事的「作者」必須預想未來劇情中深遠的變化，以便讓故事繼續漂亮地發展下去。更嚴重地，長期和拖延的失落事件就可能漸漸地侵蝕著個人傳記中的劇情結構，需要持續地重審其生命故事的方向，就像我們身為作者時陷入無法預見未來故事發展的瓶頸一般。在這種狀況下，在遭受變故的過去與不確定的未來之間搭建起一座橋樑，就是最重要的任務，這是一項需要具有治療性的支持工作。

　　以這樣的比喻來看，複雜性失落便是打亂我們原先對生活更為廣義陳述的事件，而走過重建的調適歷程也就十分可能[12]。一方面，我們可能將失落同化入先前存在的意義架構裡，儘量重申信念上的有效性，因為那是我們之前賴以存活的信念；或者，我們可以調整生活故事來符合自己所接收的改變了的事實。有的喪慟者對於配偶延宕且痛苦的死亡歷程，能夠將之整合並視為長期宗教信仰中所強調的天意，這正說明了之前所提的內化歷程；然而有的哀悼者則因為這個死亡事件而對先前的信念採取投棄、重審或深入思考的反應，這便是之前所提到的調適歷程的例證。兩種反應都可以被視為是他們重新確認或重新建立了廣義的故事架構，在這當中，悲劇便被賦予了個人意義。

　　建構意義的同化歷程在克拉蘿的例子中很明顯，她面對著丈夫狂風暴雨般的瀕死軌跡，將其整合入自己從有記憶以來的信念系統中。於是，她試圖處理這個情境，卻又必須忠心耿耿地忍受另一個難題，毫無自我地為他人奉獻而不顧自己的需求。然而，這習以為常的自我角色建構，當照顧並目睹她既愛又強烈怨恨的男人逐漸衰弱的時候，其在情緒需求的層面上來說，就變得十分不宜。相對地，凱芮月復一月地面對她兒子的疾病並逐漸認清事實，瞭解到她

原先對生活所做的建構對於眼前必須面對的任務完全無法合理化，沒法給與有意義的方向，在一個全然陌生的架構中，她終於找到自己。為這家庭所受的苦難找到解釋，她最後將這件事視為上蒼給了她一個機會，讓她不再活得那麼膚淺，並比以往有更多的自我覺察，以彌補自己原先的後知後覺。當接受了這挑戰之後，凱芮有了新的自我認知，不再在意那些曾經是她生活重心的許多雞毛蒜皮小事，並開始重整她看待關係與事情輕重的次序[13]。對這兩位女士來說，很重要的一點是，先前對於生命認知架構的嚴重失序引領出了她們最終的認知，令她們深陷於痛苦的自我檢視當中，直到下一個新的脆弱狀況發生。

以敘說的形式來理解喪慟比隱喻的形式更有幫助，在具備治療的環境下，它有實質的意義，可以讓我們學習悲傷應如何看待和運用。就算在最一般的層面來說，說故事的角度會將重點放在敘說建構的中心點，這樣我們就可以很自然地找到機會一再告訴別人有關我們失落的故事；而在這當中，我們生命故事發展大綱的變更就在社會的認證中完成了。說得更明確些，它建議了幾個小說形式的「朝向治療終結的敘說方式」，包括臨床所用的專為調適任務所設計的日記活動、寫詩以及看圖說故事，以協助案主將失落所帶出的許多意義合併，並更為完整地整合成為後續生活中我們與他人共處所依據的架構[14]。建構主義的這個方法所提供的不僅是具體技術，使案主在面對原本失效之生活事件中，促進了意義建構歷程的發展；而且也是很好的架構，在治療或諮商工作中能夠與原來的情境相互搭配。

5. 原來平穩的架構受到挑戰所產生的情緒波濤是有功能的，應將之解讀為努力維護此意義架構所釋放的訊號。

諷刺的事是，儘管傳統悲傷理論強調了情緒是喪慟的後遺症，

但情感性的悲傷反應卻只是被當做症狀來處理，被當做經過一段時間或「治療服藥」後可以克服的問題。相反地，在建構理論者，如George Kelly的眼中來看，人們這種對失落產生情緒反應的特質是意義建構不可或缺的部分，是歷程分析中難以觀察到的表態[15]。以其他形式來陳述這種說法，就是情緒是有功能的，而且需要被尊重為意義建構歷程中的必要動力，並非不受歡迎、需要有所控制或將其消除的來自失落的副產品，或以「功能不彰」的想法來看待它。

以Kelly所謂個人情感架構的陳述作為一種「轉換向度」，我發現重新將一般因喪慟而產生的許多情緒表達做概念化的處理是很有幫助的，可將它們與意義建構期間因努力而產生的紛擾與復元狀態做連結。否認的情緒於是被視為是個人在當時無法對死亡事件做同化處理的狀態。就其認知架構來說，在個人持續的生活中，這表示沒有足夠資源支持著他，好讓他全然接受失落或面對失落所帶來的意義。否認因此代表著需要這麼一段時間，試著「暫停」無法同化的狀態，直到能夠在痛苦的清醒中領會失落的意義。沮喪的心情則被看做是喪慟的個體企圖限制他或她自己的注意力，對周遭事物投入愈來愈少的關切，以便能夠提供一個較易處理的架構。就像美國拓荒時期的移民，將他們的馬車圍成一個圓圈以保護自己，免於險惡環境所帶來的危險；處於沮喪中的人，可被視為是在緊縮他或她的經驗架構以防禦其他潛在的無效功能，然後聚焦於探索失落之多重意義的任務上。焦慮代表著認知到死亡是超越個人能力之外所能解釋、預測以及控制的事情。死亡或失落的事實雖然很清楚地被接收了，但其對於我們自己未來生活所帶來的不確定意涵，只停留在模糊的認識階段；而罪惡感起源於個體對於自己行為與其自我認同的中心架構發生衝突時的感受。就罪惡本身來說，它是很個人的感受，並非指陳那種在個人角色相對於他人關係中，因無法達到自願接受的社會標準而構成所謂的有罪事實。敵意的態度被認為是企圖

以強迫的方式使事情依照我們對它架構的認知來進行，牽強地使用有效證據來遮掩我們預測失敗的事實。在這種狀況下，我們帶著敵意的態度將自己對死亡事件的解讀硬加在其上，強迫它去符合失落之前我們所持有的認知架構，卻罔顧了「恰當」的美德。接著，最後要談的是受威脅的感受，它是意識到個人之核心認同架構即將有各種改變的訊號。某些形式的死亡或失落是一種預警，會在我們對自我認知最基本的意識中產生勢不可擋的改變。

　　以上這一連串與失落有關之情緒變化的定義只是個開端而已，若能夠引領我們再去探索其他一般感受中可能會有的意義和喪慟特質所持的立場，則在助人工作上會是很有用的。例如，克拉蘿完全被自己與瀕死丈夫之間的角色關係所占據，她的沮喪可以理解為是她在個人經驗架構上的局限。當把焦點放在艾德的受苦與她和丈夫未能解決的關係上時，就變得十分痛苦，其實這也可以視之為是一種調適狀態，至少那可以讓她轉移生活中其他令人焦慮的事情——像是對他人的期盼，以及面對丈夫即將往生所帶來的必定會發生的生活重整。在這裡可以看到，每當克拉蘿，即使是一天，抽離出那個對艾德無私地照顧的核心角色，她就要面對很重的罪惡感。相反地，在凱芮來說，面對她兒子的長期死亡過程，一開始的情緒反應是否認，並徒勞地抱著希望以為孩子會好轉，可以享有正常生活。但當孩子的病情每下愈況，這令人極度痛苦的事實愈來愈明確時，她對自己的意義系統採取了徹底的修正，使自己對事情的詮釋有了一致性，在這過程中她改變了自己以及對人生的價值觀。這個對情緒概念化的做法在意義建構的領域裡，一方面可促進我們全然地瞭解這類案例的個人心理動力；而另一方面，在死亡態度的研究設計中，則發現引進小說概念的方式來操作研究結果也很有幫助，這項關於個人死亡之威脅的調查是由個人意義建構學者蒐集大量樣本所完成的研究[16]。

6.在失落的困境中，我們一再建構對自己的認同以與他人協調。

悲傷理論經常將喪慟者隔絕了起來，太過於把焦點放在對失落的反應上，反而忽略了他們與其他關係人的連結功能。我也發現有用的悲傷理論必定要將失落個人化，並極度相信對於失落的調適，唯有在廣泛的社會情境中才能夠被瞭解。正因如此，悲傷工作可以看做是互相依賴且相互套疊的系統，分別是在自我、家庭及社會三個層面上的運作。

在自我的層面上，它啟發了我們對個體的看法，可以將自己看做是一群人或社會共同體中的一個半自治性自我，每一自我都受到其生命中某些關係的支持，而他們每一個對死亡或失落的回應都不會相同。採取某種自我象徵而形成個性、因應能力、信念等複雜系統，這跟傳統理論比起來，顯然可提供較有效的臨床處理；至於傳統性格理論所主張或指陳的是，將自我視為一個整合的實體。若對自我概念本身不那麼專注的話，反而能夠使我們對同一個體在接受和回應失落時所用的多重方式變得更為敏銳[17]。

於家庭的層面上來說，我認為悲傷是一件公開的事，也是私人的事，是個受家庭互動、家庭角色、階級權力、支持與其他家庭結構和過程所規範的情緒表達的一種行為。即使明顯看來是「個人」經驗的事情，在紀念死者時變成了共有的面向，當述說死者的故事時又變成了他生平公眾紀錄的一部分，不但塑造且也編纂了所有的記憶及家人之間可能會有的紛爭[18]。

最後，若能以廣泛群體和該文化中對死亡與失落的解讀、對喪慟者的期盼，以及對於哀悼歷程的規範作為背景，來觀看個人和家庭對於失落的回應，則可以有最佳理解。廣泛社會對個人悲傷經驗所產生的影響，有時是隱晦而抽象的（例如明顯地對某種性別、年齡或地位的人認為他們應該要悲傷，這在下一章會有更多的描

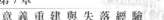

述）；又有些時候，它能夠有系統地將正確悲傷行為描述出來[19]。這些文化與群體架構裡的特殊失落可能也會是相互矛盾的，像是一般社會信念雖然認知到兒童因車禍死亡的痛苦，但地方媒體卻又會有意無意地責難孩子的父母，認為事件的發生是因為他們的疏忽所造成。

　　克拉蘿和凱芮的故事在上述這些系統裡顯示出了各種層面的互動。多面向一體的自我概念在凱芮的案例中最為明顯，故事裡可以看到她對比強烈的描述，一個外界看來十分外向的自我，和一個沉寂時刻所反映出的十分內向的自我。這當中有許多是來自她兒子長期罹病的過程，以及走過隨後發生之喪慟歷程的轉換經驗，輕敲著她深沉的心聲。另一方面，在克拉蘿的案例中，家庭角色的問題是令人注目的焦點，她自我犧牲、長期忍讓的角色造就了她與失敗丈夫之間複雜而痛苦的關係。相反地，艾德在養老院的怒氣與需求無度，雖然不再具有人身攻擊的威脅，但仍不改其在家中跋扈又鞏固的權力地位。克拉蘿的兒子，里查，也在她的困境中扮演著要角，見著父親長期以來對她的虐待，強烈而堅決地要求她與那個男人切斷關係。相對地來說，凱芮的家庭關係裡，可以從她不談論自己的悲傷而看到其中的傲氣；她甚至還能提出疑問，想知道有沒有其他親近的人會認可她對這個失落意義所持的觀點，或支持她對期許自身成為一位有深度與智慧的女人的要求。最後，就克拉蘿及凱芮而言，儘管看來似乎只有克拉蘿強烈地感覺到備受道德期盼與性別之刻板印象的限制，但其實她們兩人都有個人的與家庭的因素深藏在整個社會架構中，有一定的規範來認定確切的女性照顧者角色應如何扮演。

　　總而言之，當失落發生後，個人意義架構的重建必須要納入我們與真實生活中以及象徵意義上的持續關係，此外還有哀悼者他們自身的資源。最終，我們還是要面對自我認同轉變的任務，也需

要重新定義我們與死者之間的抽象關係，而另一方面仍能維持與其他活著的親友的關係[20]。我們朝著這個方向所做的努力可能在別人眼裡——近者如身邊的家人，遠則如社會之接觸——引起他們的共鳴；也有可能令他們覺得礙眼。若需要瞭解更為私人面向的失落，我們必須把它放在社會情境中，看到自己的經驗與改變的需求受到支持、反對或是無人理睬的境遇。在這些社會情境中，衝突與對意義的質疑造成對失落調適的困難度，然而因失落而受到影響的多重社交圈所提供的和諧能夠支持我們，好讓生命故事有個較為協調的版本。

結　論

　　在此簡短的章節中，我嘗試著把對悲傷的新看法做了概要的介紹，這跟著重於一般階段、任務或症狀的傳統理論看法相左；傳統理論的假設是所有經歷喪慟的人都會遇到類似的經驗。而我則是在此試著做一些調整，認為對失落的調適應該由個人、家庭和社會等因素共同形成，這些因素常常在為了要建立制式而標準的模式工作中被邊緣化了。站在此一立場，我主張意義重建的任務應該是悲傷歷程的主軸，並提供了一些基本主張以備建立更為適切的理論來與此一觀點謀和。最後，我也試著以兩位女士的重大失落經驗來引述從這類對失落做敘說建構所演變而來的一些論點，她們所面臨的失落只是許許多多失落形式中的兩個範例而已。總的來說，我所做的努力也只是大批悲傷理論重新尋找方向過程中的一小部分，而這些悲傷理論早已在臨床工作者、理論家與研究者之間持續前進發展，但還需要經過一些歲月的淬鍊將其變成更令人滿意的模式。我期望這本書在此一趨勢中能夠有所貢獻，並在瞭解失落且明白其在人類生命中所扮演的角色等研究上，有更豐富且獨樹一格的幫助。

第 7 章
意 義 重 建 與 失 落 經 驗

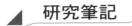 研究筆記

1. 為使閱讀方便並易於聚焦，我對建構理論的知識與心理治療將不會偏離主題另做延伸性的討論，事實上建構理論已經在許多地方都有長足的研究〔見Robert Neimeyer及Michael Mahoney於1995年所編輯的 *Constructivism in Psychotherapy* 一書，由美國心理學會（American Psychological Association, Washington, DC）〕出版，本章稍後將會提供一般性的架構來協助讀者瞭解與悲傷治療有關的建構理論；不過，支持此論點的理論家倒是沒有必要在此時就先否決那些秉持客觀且非特定個體的理論，或不認同以蒐集實證為重的科學，或是推翻對在想法、感覺或行為上之功能不彰或不切實際的病人提供心理治療的專業；而是應該把與人性相關的知識看做是具有深層的個人性和社會性，是個人假設與群體共識的靠山，不應輕易與一些持「客觀」且外在看法的準則相抗爭。同樣地，對於建構取向的治療，可以看做是一種親密的協同運作形式，是個人及偶爾也可能會是具疑難性意義的一種探索，這種取向為人們整理了他們的生活與行為，而且那當中有些是經得起驗證和一再協調的。儘管詳加介紹從這基本建構立場發展出來的一些諮商與心理治療方法將超越本書的範圍，我還是會在本章約略地提及一、二，並且整理出一些精華，是特別與悲傷諮商有關的、與這個理念相符的介入。

2. 請見E. Lindemann於1994年發表的‘Symptomatology and management of acute grief’一文，刊載於 *American Journal of Psychiatry*，*101*，141-148頁。

3. 失落的階段性概念所造成之影響，出現於國際性醫學院在死亡及瀕死課程上的權威：Kübler-Ross的模式至今仍是講授對死亡與失落之調適的老師們最常引述的來源（甚至可說是唯一的來源）。請見Barbara Downe-Wambolt及Deborah Tamlyn（1997）的文章‘An international survey of death education trends in faculties of nursing and

medicine'，刊載於*Death Studies*，*21*，177-188頁。

4.在此提供一個平衡的觀點，請見C.A. Corr（1993）所著'Coping with dying: Lessons that we should and should not learn from the work of Elisabeth Kübler-Ross'，刊載於*Death Studies*，*17*，69-83頁。這是一篇以經驗取向，針對C. Wortman及R. Silver（1989）所提出之傳統假設而做的學術評論。該文名稱為'The myths of coping with loss'，刊載於*Journal of Consulting and Clinical Psychology*，*57*，349-357頁。

5.更進一步的狀況是，心理分析圈內如今也開始相信悲傷理論是個理所當然應該要重新思考的議題。從本世紀最大宗學派，佛洛依德的主流分析觀點來看，他將哀悼描述為重大失落（例如，所愛的人）後的一段憂傷期間，在這段時間裡，個體漸漸地將情感從逝者身上抽離，並疏通失落的痛苦，於是這股能量終能轉而重新投注在新的關係上。其後幾代分析派的學者將此一觀點視為他們在失落理論上的基石，認為從社會抽離自己並全神貫注地沉思於死者過往的種種是失落歷程的一部分。但是George Hagman近年來審視了臨床上與研究中的案例，發現這個心理動力的概念在任何一方面其實都是大有問題的。他不認同從群體中抽離與充滿對逝者思念的說法，而是主張喪慟的個體在承認了自己的悲傷後通常都會經驗到重生的感覺，並傾向於同時維持與死者和其他生者的依附關係。Hagman尤其強調悲傷的個人化，並認為需要超越一般症狀上之描述的工作範圍，進而考量到個人特殊情境中比較不明顯的動力。這兩種說法其實都十分符合此處所提到的模式。請見George Hagman（1995）的文章'Mourning: A review and reconsideration'，刊載於*International Journal of Psychoanalysis*，*76*，909-925頁。

6.由於它的焦點是放在意義建構以及頻繁地在臨床情境中做調整，建構主義有時被視為是一種認知治療學派的變化體。不過，

大部分認知治療的傳統形式與意義建構比較起來都過於客觀，如果個人意義與假設的「理性」常模以及外在的「現實」偏離的話，便被視為是有問題的。因此，這兩者之間的關係在臨床的傳統上就顯得有些複雜，形成的其實是兩種不同的操作形態。對於這一方面的討論請見R.A. Neimeyer（1993）的'Constructivism and the cognitive psychotherapies: Some conceptual and strategic contrasts'，刊載於*Journal of Cognitive Psychotherapy*，*7*，159-171頁；以及R.A. Neimeyer（1998）的'Cognitive therapy and the narrative trend: A bridge too far?'，刊載於*Journal of Cognitive Psychotherapy*，*12*，57-65頁。

7. 我受惠於同事Barry Fortner，由於他的協助才得以摘要出這些重點。Barry以及Nancy Keesee幫我把意義重建模式擴張，並測試了其中一些步驟以確定人們對失落經驗的解釋所使用的個人方式。關於這項工作的初步報告'Loss and meaning reconstruction: Propositions and procedures'由R.A. Neimeyer、N.J. Keesee及B.V. Fortner（1998）合著，刊載於S. Rubin、R. Malkinson及E. Wiztum所編輯的*Traumatic and Non-traumatic Loss and Bereavement: Clinical Theory and Practice*一書中，出版公司為Psychosocial Press（Madison, CT）。

8. 請見C.M. Parkes（1988）所寫'Bereavement as a psychosocial transition: Processes of adaptation to change'，刊載於*Journal of Social Issues*，*44*，53-65頁。

9. Rando摘要出Parkes的論點，並加上其他卓越悲傷理論家的想法，放在她的章節中，名為'Grief and mourning: Accommodating to loss'，發表於H. Wass及R.A. Neimeyer所編輯的*Dying: Facing the Facts*書中（第三版，211-241頁），此書由Taylor & Francis（Washington, DC）出版。

10. 請見M. Braun及D. Berg（1994）的文章'Meaning reconstruction in the experience of parental bereavement'，刊載於*Death Studies*，*18*，

105-129頁;以及E.M. Milo（1997）'Maternal responses to the life and death of a child with a developmental disability: A story of hope'，刊載於*Death Studies*，*21*，443-476頁。

11.對於這個「雙軌擺盪理論」之哀悼模式的細節，請見第1章研究筆記5的內容。而悲傷的活動在第4章也有詳細討論。

12.理論上贊成這個概念的讀者可能會覺得Linda Viney從個人建構角度所進行的悲傷處遇是很不錯的，在這當中，可以看到從失落中為個人的建構系統找到不同的方式來重新確認或定位的案例。請見L.L. Viney（1991）的文章'The personal construct theory of death and loss: Toward a more individually oriented grief therapy'，刊載於*Death Studies*，*15*，139-155頁。

13.有關凱芮的案例，想做更深入的瞭解，請見R.A. Neimeyer、N.J. Keesee及B.V. Fortner（1998）的'Loss and meaning reconstruction: Propositions and procedures'，刊登於S. Rubin、R. Malkinson及E. Wiztum所編輯的*Traumatic and Non-traumatic Loss and Bereavement: Clinical Theory and Practice*一書中，由Psychosocial Press（Madison, CT）出版。本章中，同事和我重新摘述了意義重建模式的大綱，但也描述了一些建構者對於喪慟者用以治療評估和介入時所使用的明確方法。其中有些步驟稍後會在第9章「個人應用」中做更詳細的陳述。

14.這個聚焦於「重述故事」的失落處理在本書第5章曾有介紹，關於敘說取向和治療方法更為廣泛的處理案例，請見R.A. Neimeyer（1995）'Client generated narratives in psychotherapy'一文，收錄於R.A. Neimeyer及M.J. Mahoney所編輯的*Constructivism in Psychotherapy*之中（231-246頁），由美國心理學會（American Psychological Association, Washington, DC）出版；還有Michael White和David Epston（1990）的*Narrative Means to Therapeutic Ends*，由Norton（紐約）

出版。

15.Kelly的個人建構心理理論主要的工作中心是放在瞭解人類活動，以發展可運作的個人理論之工具，於是可以協助我們整理自己的架構、引領我們的行動，並與其他人建構角色關係。當我們自己的理論因為不可預料之事件發生而變得無效時，就如同Kelly所認為的，我們於是陷入一連串的痛苦情緒，這就是我們努力面對挑戰並試圖建構意義所發出的訊號。在這一節中，我從Kelly原來對於這些議題所做的處理來推斷，然後針對各種通常在失落時會產生的情緒提出現象學觀點的定義。對於Kelly自身的想法，可以向George Kelly（1995）的著作*The Psychology of Personal Constructs*討教，由Norton（紐約）出版；1991年由Routledge（倫敦）再版。

16.對於這經驗探討之文獻可以至R. A. Neimeyer（1994）的文章'The Threat Index and related methods'一探更廣泛的介紹，收錄於R. A. Neimeyer所編輯的*Death Anxiety Handbook: Research, Instrumentation, and Application*，由Taylor & Francis（Washington, DC）出版。

17.這裡的自我是結合多樣化的形象，並非指單一且基本的自我，這與現今社會建構學者所強調的那個朝生暮死短暫的自我是一致的，是十分緊密地與社會關係連結在一起的。在此一議題上要瞭解更多延伸的理論性處理方式，以及哪些是可以絕對放棄自我概念的條件，請見Michael Mascolo、Laura Craig-Bray及Robert Neimeyer（1997）所寫的文章'The construction of meaning and action in development and psychotherapy: An epigenetic systems perspective'，此文收錄在G.J. Neimeyer及R.A. Neimeyer所編輯的*Advances in Personal Construct Theory*（第四卷）中，由JAI Press（Greenwich, CN）出版。

18.對於集體紀念過程的描述，Gordon Riches及Pamela Dawson所提出的形容尤其令人覺得強烈而辛酸，他們描述一對喪慟夫妻用照片和其他與孩子有關的紀念物來促進與他人的溝通，這對夫妻談論

生活中一些實際發生的事情，以及他們與孩子間關係的持續價值。在兩位作者的書中，為使此一狀況有更深入的象徵，他們將那些共享的往事看做是發展的「故事，而在這當中，過往與現在的關係代表著某種意義，值得審視」。請見Gordon Riches及Pamela Dawson（1998）所著的'Lost children, living memories: The role of photographs in processes of grief and adjustment among bereaved parents'，刊載於*Death Studies*，*22*，121-140頁。

19.在具有道德傳統的環境中，有學者對於哀悼經驗的嚴格規範提供了清楚的描述，請見J.B. Wolowelsky（1996）的文章'Communal and individual mourning dynamics within traditional Jewish law'，刊載於*Death Studies*，*20*，469-480頁。

20.此一觀點正好回應了Dennis Klass和他同事的研究，這是一個與所愛的死者在角色上維持象徵性關係的研究，本書第4章已對此議題有所探討（也請見第4章的研究筆記9）。

意義重建的多元性重點[1]

　　比爾和瑪莎來找我尋求治療，那時他們的兒子，22歲的麥可過世正好一年。這位年輕的男士在大二那年，於國外讀書時因嚴重的氣喘發作而去世。在比爾恬澹寡歡式的支持下，瑪莎邊哭邊述說著：「許多家中原有的特色都隨著麥可的死而消失了。」他們變成了普通人，只有帶著另外兩個普通的兒子本分而困難地度過每個平淡的日子。在這裡麥可的「特殊性」卻十分弔詭地導源於他的病況，就像瑪莎說的：「有個慢性疾病的孩子，讓你的生活有了重心，這不是其他很多事情可以取代的。」但很快地就可以看出，麥可在家中與眾不同的地位超越了他與全力奉獻的母親之間強烈的連結：他也是家中的靈魂人物，將他們相互連結在一起；是全家懷有最高野心想要出類拔萃、探索世界的人，他訂閱知名的《美國新聞雜誌》、《國家地理雜誌》以及《史密森尼雜誌》（Smithsonian），並將這些雜誌在政治面與文化面的敏感度注入家庭其他成員的「地方性」對話中。瑪莎對於喪子的反應是緊緊地抓住過往記憶，十分抗拒去重整麥可的房間，而這卻是比爾所堅持要做的。瑪莎還抱著希

望認為：「即使裝進了玻璃棺，也還是可能回來床上睡。」在麥可的這個「廟堂」裡，她便能感覺到與他的接近。相對地，比爾卻覺得非要「為未來做點計畫」不可，並且「想盡辦法來控制那種會令他情緒低落的思緒」。「到底是什麼原因使麥可患了氣喘病？」夫妻雙方都急切地想要為這沒有答案的問題尋求靈性上的回應，而且他們都透過攜帶著他用過的筆、公事包，還有其他珍貴的東西來尋求慰藉。但每一次極力試圖調適這令人痛苦的喪子之慟，就使得他們必須面臨不同表達方式的挑戰。當比爾承認他努力要「以正向思考的力量來調適所面對的事實」，其實是令人絕望地無法做到時，瑪莎也不得不同意她「拒絕處理麥可的死亡事實，使她無法正常過活」。每個人都感到相互牽制的力量一直增加，他們陷入一個無法向前邁進的悲傷循環之中。我實在很懷疑我如何一方面個別支持他們，同時，另一方面還要協助他們在顯然背道而馳的悲傷方式中找到原有的親密合作感，讓他們能夠共同度過這喪子之慟。

真弓是位40歲的第一代日裔美籍寡居婦女。我與她唯一的接觸，是在一間大型市立醫院的急診室中。自從她丈夫兩年前意外舉槍自殺身亡後，真弓就變得愈來愈鬱悶，對什麼事都提不起勁來。無論是依賴減輕她痛苦所用的藥物，或來自朋友家人對她的支持，都無法彌補這份失落。她對自己的形容是「空虛」且「沒有價值」。雖然真弓過去是位很有智慧且能力不錯的女士，但如今卻非常倚賴她的大兒子，生活上的任何瑣事都要靠大兒子來幫她做決定，偏偏這個兒子早已將家中的資源都揮霍在跑車與不必要的奢侈品上，侵蝕著她長期生活的經濟保障。她被送至急診室是因為服藥過量，這是嚴重的自殺企圖，這個「失敗」的行為使她更加感到羞愧，並覺得「有辱」門風。我不斷地感覺到真弓處理悲傷的方式透露著她個性中濃厚的文化背景，在這失落的餘波中無法再回到正常

生活，反映著寡居角色的文化觀念；在日本，「寡居者」就是「未
亡人」，意思根本就是指「那個還沒死的人」。由此可看出丈夫身
亡後，這三個字貼切地形容了精神支柱上之失落所造成的對自己角
色的認同方式，於是理所當然的解決之道就是以自己的死亡來解除
這種悲傷處境。當我準備要把她託付給住院病房的歐裔美籍精神科
醫師時，其實會擔心這位日裔美籍婦女的狀況將會如何被診斷（可
能會被認為是「依賴性人格」），或全然忽略她的文化背景而以藥
物來處理，那麼她將更因強加在身上的西方悲傷模式而被隔離於潛
在的協助資源之外。

　　如果我們從人們實質的生活角度細看悲傷歷程，立刻就會被推
向一般悲傷理論的極限所在，因為這些理論簡化了失落調適中對於
情緒變化階段的假設，並將廣泛的任務取向套用在個別的悲傷者身
上。事實上，人們失落故事的細膩情節才是其面對巨變事實的複雜
調適歷程，它同時是十分個人化、又具有複雜關連、而且絕對含有
文化背景的歷程。在這簡短的一章裡，我的目標就是要呈現此一複
雜性，將其作為我們在悲傷觀點上其意義重建（meaning reconstruc-
tion）歷程的起點，要強調的是它的多元性，而非人們或族群的相同
之處。因此，我會回顧幾個前一章曾經提到過關於意義重建模式的
基本論點，然後接著再加上——文化、性別以及靈性——三個層面
的考量，這是形成意義建構形式和樣貌的因素，是那些喪親者在生
活上所經歷的過程。

悲傷是意義重建的歷程

　　為回應逐漸令人感到不甚完善的傳統哀悼模式，「新一波」的

悲傷理論於是產生，這是個比較不特別屬於哪位作者的理論，而是悲傷特質就人類經驗上來說，是一種時代精神變遷的表達。這些新模式中較常見的幾個元素是：

(a)對於可預測之「情緒軌跡」的普遍性應存疑，此情緒軌跡是從心理不安定到重新調適的產物，應再加上調適歷程中更為複雜之模式的評估。

(b)跳脫出成功走過悲傷歷程需要對死者「放下」的假設，朝向對潛在健康發展任務的認知，瞭解到與死者維持象徵性連結的重要。

(c)注意到由哀悼而來的廣泛認知歷程，為傳統觀念所持的要點添加補充因失落後所引起的情緒上之變化。

(d)以更為關注的角度來看重大失落對哀慟者的個人認同感所具有的意義，這經常需要深入檢視當事人對自我的定義。

(e)增加對「創傷後成長」可能令人終生難忘的評估，使當事人將此一部分的收穫與失落整合。

(f)拓寬關注的焦點，不但要將悲傷者的個別經驗納入，同時也要瞭解失落在家庭與文化族群中的交互衝擊。

在呼應以上這些趨勢的行動上，我試著在本書先前幾章勾勒出另類哀悼模式的一些大綱時，就曾經主張回應失落的意義重建工作才是悲傷歷程的中心任務。把由心理治療所衍生出的廣義建構主義取向放在心理治療的工作當中，這是從人類本就是根深蒂固的意義建構者之觀點出發的概念，而且編織述說的工作也能夠發展出主要議題，以凸顯他們生命故事的情節架構。至於在文化系統信念上的新發展，則是個人建構出了具有參悟性的暫時意義架構，以協助他們解讀自己的個人經驗、協調與他人的關係，並整頓他們的行為使朝向個人之重要目標前進。不過很重要的一點是，這些意義結構很少是立基於「客觀」的事實，而是在個人與其親密他人及一般文化

系統中專程進行協調的片段裡產生。其中一個像這類社會建構的觀點就是，人們對他們生活中具有重要特質的關注是非常多樣化的，可從他們的日常談話中呈現出來；同時也會十分複雜，就像他們廣義信念系統一般地錯綜交流著，而他們的個人意圖就在這樣情境的意義建構中流露了出來。由此一觀點來看，更甚者在於人們對自己所陳述的生命故事，可能會感受到不同程度的「作者地位」，有的人深信其個人在信仰、價值觀和抉擇上是有義務的；而有的人卻認為受困於這些信念與期盼之中，使人感受到其社會網絡或公共意識形態所加諸其身的不得已[2]。

在這較普遍的建構論述上，失落被視為是深度擾亂的事件，它破壞了個人對人生所持的一個理所當然的架構，有時創傷性地動搖了一個人非常基礎的假設認知。對真弓來說，她丈夫含有暴力性的意外身亡不只是剝奪了她的生活伴侶，也無形中截斷了其宇宙觀的平衡，因他是她原來生活意義的主要支持與供給者。在亡夫所帶來令人痛苦的空虛中，她努力地去發掘其他生活準則，卻發現一切枉然；她想要找尋可依靠的關係，卻靠到了不可靠的兒子；然而，這在在都與她文化背景中對於男性與女性角色的假設相符合。經常，當所愛的人的死亡違反了我們原先具支持性的假設時，雖然感覺上可能並不顯著，但其實卻影響著我們日常生活上已經習慣了的思考與行為模式。舉例來說，在比爾與瑪莎的案例中，他們從前有許多的日常對話、想望，甚至爭執都是以麥可以及他的「特殊」興趣為中心，於是他的死使得他們對可預期的未來、對家庭較滿意的認同，或雙方的相處，只剩下一些些能夠運作的連結。

在傳統悲傷模式中，其中的一個缺點就是它們暗示了對普同性的假設——它們的想法是所有或大部分的喪慟者對失落的反應，在情感層面上是類似的。相反地，意義重建的觀點卻是強調每一位悲傷者反應的細微差異，因此沒有任何兩個人（即使是夫妻，像在比

爾與瑪莎的案例中）可以假設他們面對同一失落，就會經驗到一樣的悲傷。事實上，每一個體都被視為不同現象場域的建造者，以及在文化、性別和靈性等廣義的論述中各占有不同的立場，這是我們接下來需要詳加說明的。這個悲傷無共通性的基本假設，在專業照顧者接觸喪慟之人的工作上是個挑戰，因為要從「什麼都不知道」的角度出發，而非假設性地瞭解；這促使我們不應以「專業知識」的認知強加在喪慟者獨一無二的個人經驗上[3]。

第三個失落之建構取向的特色是，悲傷是個積極歷程的說法，只不過喪慟本身是非志願的。當對失落的「別無選擇」令人覺得自己被命運之神操弄時，但其實喪慟反而會驅使死者遺族進入加速做抉擇的時期。瑪莎和比爾所面對的各種具體決定，例如兒子的哪些遺物可以保留著與他人分享，如何及是否要重新裝潢他的臥室，並且是否要為他們因應失落改變的重新調適狀況去尋求治療等等就是例子。在非常基本的層面來說，他們甚至面對著是否要把注意力放在失落本身（進行「悲傷工作」，整理因喪子所引起的種種混亂感受），還是放在生活重建（將重心放在實際的生活調適上，重回日常生活及社交層面）的抉擇。從這個角度觀察哀悼現象，使得照顧者能夠協助悲傷的個體辨認他們所面對有意識及無意識的選擇，並進而幫助他們篩選最合宜的選擇與做出令人感到艱難的決定。

最後，以本章開頭所提的兩個臨床小故事來說，悲傷中的重建歷程發生在離開社會群眾而被隔離的主體時，是無法受到他人理解的。然而我們私下的悲傷還是必須與他人的反應做連結，每次都會一方面限制卻也一方面增強對方的能力。這情形在比爾和瑪莎的案例中又特別明顯，他們會想要停留在「控制」的立場以免令對方感覺到「有負擔」。而真弓的狀況又是另一種實情，她努力想在歐美文化的社會中為她的失落找到特殊的日式觀點，但她的處境卻不被認可或瞭解。可見在喪慟的餘波中重建一個重要的架構，遠超過認

知層面的調適；那還需要遺族對他們自己所改變的個人角色再度獲得社會的支持。

在此提供了一個有關意義重建的小型描述後，我將再回到對於文化、性別及靈性三個面向的考量。這是人們在生活中面對重大失落之因應歷程時，造成他們會用自己個別方式來處理的重要因素。在討論這三個範疇時，我會特別引述最近對喪慟所做的一些質性研究，這些研究都把重點放在意義重建的模式上，以及它對於不同之人或族群的特色上。當強調質性的部分，而非對於死亡與失落的量化研究時，我卻不能期望把建立理論所用較為傳統之統計方式的重要角色棄之不顧——事實上，我還非常踴躍地在一些文章裡推行它們的好處與發展[4]。不過，同事們和我則極度地發現在人類意義建構的活動中，還有一些面向與其觀察統計所獲得的東西，還不如非常近距離地去審視經驗所呈現的資料；也因此我們開始延伸自己的研究，使其超越臨床工作以做更為廣泛的探究，來看看一個人是如何在失落的餘波中奮力重建他們的新生活[5]。在引述以文化、靈性與性別為主題的質性研究上，我期望可以在學者的這些努力與我們自己的努力之間建立起一座溝通橋樑，即便我承認對這些研究若要做徹底的回顧，將超越本章簡短的範圍，但也還是要這麼做。我只打算將目標指向焦點團體、紮根理論、敘說分析以及民族誌等研究的效用，好讓我們對於個人在失落上做調適的範圍與微妙之處的觀察能力有所加強。

 ## 悲傷的文化層面

在人類回應失落所做的各種意義重建之經驗中，文化可能是其許多面向上最為包羅萬象的一環。然而，由於它像是空氣一般圍繞

著我們，提供我們具有支持性且互通性的常備劇目，包括對事情的詮釋、信念，還有社會角色等，它對我們悲傷形態的影響往往是看不見的，至少對當事人來說是當局者迷。文化本身的內括性也使得我們很難將其中的個別內涵整理出來，與靈性、性別和其他影響我們調適失落的向度做區隔。事實上，文化在某些角度來說，還囊括了這些所謂其他的向度，像性別就會在不同的文化情境中有非常不一樣的看待；而在一個既存且有著廣泛定義的文化中，對於人類之死的意義，可能還會有制式宗教的多重形式爭相解讀。

　　文化對意義建構的影響從言語的最基層開始，而言語透過它的結構以及內容無形中形塑了我們對死亡和喪慟的經驗。事實上，許多學者就指出這各種文化傾向，在論及死亡的時候，就像是他們平常談論生活、存在、實體等等話題一般，使用的正是以普遍的語言形式所延伸而來的一種持續存在的表現[6]。好比說，瑪莎想要從她所述的死亡信念中獲得慰藉：麥克「不再受氣喘之苦了」！這正是最常見的註解，將他想成是一個沒有氣喘病而持續存在的人。即使最基本的說法，將喪慟以不同的語言做描述，對於個人經驗來說便有不同的意涵；相對於西班牙語將悲傷翻譯做「苦惱」（affliction），暗指一種來自外界因素而被動性地受苦於不幸或傷害的狀態；在英文的語言中，「悲傷」就比較屬於內在而潛藏著主動性的意涵。這種語言上的用語，在文化中幾乎是無意識地為其間的參與者所使用著，間接地，在不知不覺中，便形塑了哀悼的意義，甚至身為一位遺族的經驗。這很生動地描述了真弓的案例，她「未亡人」的身分顯然給與她一種自丈夫死亡到自己死亡之間非正式的角色形容。

　　在較為實質的層面來說，與死亡有關的文化信仰及慣例同樣也形塑著個人對失落經驗所產生的意義。例如Braun及Nichols完成了一個以焦點團體訪談為主的研究，這些焦點團體的成員都是亞裔美籍人士，他們來自四大族群——華人、日本、越南和菲律賓——並邀

第 8 章
意義重建的多元性重點

請他們每一族群闡明對於死亡、追思、自殺、安樂死，以及其他許多相關議題之特殊回應，其哲學觀的來源以及習俗慣例等。這份研究結果清楚地顯示了相當不同的多元化結果，而那些特色通常都是摻雜在整體的文化族群當中，這種文化信仰與慣例的特質並於後代族裔的發展中演化出更為接近美國主流文化的樣貌[7]。

在他們的研究中，焦點團體成員深入的看法可以提供照顧者對於在特殊文化情境中面臨失落調適的喪慟者有更多瞭解。例如身為第一代日裔美籍的真弓，由於無法為她丈夫整理出一部適切的枕邊佛經，使得她在喪夫的悲劇中更加充滿了罪惡感，那代表著她不曾支持丈夫在黃泉路上的順利行進，而這可能加重她悲傷的複雜度[8]。再者，由於日本人對於自殺行為普遍具有悲憫且寬容的態度，使得真弓對這個事件看來可能感到崇高而無「病理」反應的狀況，與歐裔美籍人士可能會有的這類危機反應相較起來就很不一樣了。

最後，除了認識到次文化與種族因素在死亡、瀕死及喪慟等事件中所扮演的角色外[9]，還有一點很重要的是要認知到流行文化在我們私自悲傷和公眾失落的集體反應上所扮演的角色。而後者最明顯的例子，就是戴安娜王妃之死的公眾悲傷，其表達的程度到達了最高點。她在1997年9月於一場車禍中喪生所造成的悲劇震撼了全球數百萬人，引發了集體大眾的憤慨與哀傷。緊接著下來的喪葬遊行、紀念儀式、演說和媒體報導等，在在都是強而有力的例證，讓我們看到大眾對痛苦的認知並從中獲得療癒的力量；還有，人們是如何面對這種說不出道理的死亡事件，並體悟且能夠共享對此事有理解上的需求，也看到大眾是如何紀念生命的殞落。

 悲傷的心靈層面

　　如同文化一般，靈性也很難明確地從文化區分出來。宗教和宇宙觀之信念，在我們對死亡與失落的回應上來說，都扮演著影響深遠的角色。事實上，如同Becker[10]提出的那些理論所述，他認為宗教的主要功能就是協助我們包容對死亡的恐懼，它對人類提供了一個解釋的框架，好讓我們在這當中觀想死亡。在傳統的宗教，例如東正猶太教的社會當中，這個框架無論是對喪慟者本身或其社會群體來說，都延伸出了複雜的哀悼儀式與慣例，有效地給與哀悼者「現成的」暫用身分，用以支持他們走過因失落而產生的角色變化歷程[11]。

　　以一個建構者的身分，我尤其對於個人選用合宜宗教主題來代表個人意義的方式感到興趣，在形成個人靈性的歷程中，可能，也可能不是先前成長過程中所接觸之宗教的集合。就像比爾和瑪莎，他們急切地尋求答案，但麥可為什麼天生就有致命的疾病這問題實在難以理解。許多人都是這樣，在重大失落的關鍵時刻，被迫去重新審視他們個人在靈性上的假設。Braun和Berg對於這樣的經驗，進行了一項紮根理論的分析，他們很謹慎地訪談了十位喪慟的母親，然後將她們的反應依據發生的主題來編碼。他們對於意義建構的歷程，辨別出三個階段——中斷、失去方向以及調適——並發現大多數的母親都重新詮釋了她們在孩子死亡之前所持的意義架構，以彰顯失落事件的意義。他們其中一個令人振奮的發現是，有些女士無法將失去孩子的這件事放在她們先前就存在的信仰架構中，這些人在對失落的調適上就比較困難；而那些能夠同化死亡事件，將其視為順應天意或是蒙主寵召的人，在失落的波濤中則較為能夠走得穩當些[12]。

　　Elizabeth Moulton Milo針對發育殘疾孩童之母親的喪慟經驗做了一項研究，對於意義重建的歷程有更詳細的描述[13]。以密集而半結

構的訪談搭配標準化的悲傷量表進行研究，她發現這些母親集結了她們的方法朝向幾個不同的解釋來為自己的生命和她們孩子的死亡找到特殊意義。比如說，有幾位媽媽談到孩子的生與死，將其視為是上天刻意安排，其目的要使媽媽在靈性上有所成長；這想法在我們對凱芮的個案研究中也呈現出來，是一位患有先天性心臟病男孩的母親給自己的解釋[14]。在Milo的研究中，也有從其他受訪者發現意義的過程並非明顯透過靈性上的信念，而是個人深層的策略，例如她們孩子美好、平靜或親密之死的一種和諧感；與其他更為不幸的家庭比較而訴諸「比下有餘」的想法；或甚至以殘忍的幽默感為手段來自我安慰。在Braun和Berg，以及Milo的研究中也發現有些母親能夠將孩子失能與死亡的事實與她們自身原來就有的信念相結合，對於這個失落的調適較有準備。無論如何，很重要的一點是，這些架構並非一定要有什麼偉大的意義，它們也可以很簡單地就表達出世俗而深層的人生哲學。舉個例子來說，有一位曾經是社會運動者的媽媽，她把世界看做本就是不完美的，相信每個人的生命都是痛苦的，並認為一個人的任務就是在涉入與維護的歷程中盡可能地隨時去改善。另有一派游走在傳統與非傳統之間類似的哲理概念是由Richards和Folkman所提出，在他們的質性分析研究中以靈性為主題針對一群男同性戀者做了訪談，這些受訪者的伴侶都是死於愛滋病[15]。由此可見，在失落之後，個人的意義重建歷程能夠因著仰賴人道主義以及明確的宗教信仰而加速進行，也強調了每一位活著的人其個人意義建構有受到尊重的需求。

 ## 悲傷中的性別角色

　　為強調與失落有關的情境，家族治療理論派有時以「家族悲

傷」的觀點來討論失落，或當遭遇家族成員的死亡事件，他們將此失落視為違反了「家族假設認知」。然而建構派學者，例如Kathleen Gilbert則提醒我們，就家族本身來說，是不會悲傷、沒有信仰等等的——只有個人才會這樣。這意味著不同的家庭成員可能對同一失落事件會有十分不一樣的反應，這都是他們各自與該失落有不同的依附意義所表現出來的功能反應，是他們與死者有各自不同的關係，各自在家庭中所扮演的不同角色；還有，跟我們現在要談的話題最有關連的，就是悲傷中的性別差異[16]。

傳統悲傷理論是以喪慟婦女的經驗為根基所形成的，因此比較強調「女性化」形式的悲傷，將其作為「健康」的失落悲傷反應準則。從此一觀點來看，理論派與臨床派對於情緒的表達與自我揭露的行為是做了加分的動作，但這麼一來就顯得他們不認同「訴諸理性」的行為；對於因應悲傷的方式，也不認同以沉浸在活動中而不尋求社會支持的行為。然而，如同Terry Martin和Ken Doka所指出的，這似乎對於「男性化」的悲傷形式產生了不少偏見，這是個想法先於感覺的模式，是以主動的問題解決取向替代了與他人討論個人感受的模式[17]。以目前這些例子來說，這種悲傷形式的差異就出現在比爾與瑪莎之間，他們對於麥可的生與死都想要賦予意義，但所用的方式卻只有部分雷同。瑪莎對於兒子之死的回應是在精心地保存在孩子臥房內「與他共度」的時光、時常訪視他的墓地，並大方地落淚與他人分享種種感受，試圖培養濃厚的情感以示他的存在。而比爾的部分，則顯得較為自我控制與保留，他談論兒子在期望尋求自主不受父親指導，而「推開所有長輩」的種種時，只是顯露了些微的「不悅」。相較於妻子，做了更多努力的比爾，也曾嘗試去面對並解決兒子之死所造成的實際問題，例如出售孩子的所有物。儘管他們有著同樣的哀傷，瑪莎和比爾分歧的做法，卻使他們的哀悼狀態更為複雜。當比爾面對妻子明顯無盡的痛苦而感到憂心與無

助時，瑪莎卻要求丈夫同理她，要他愛他們的兒子，這在他試圖重
新面對生活的舉止上是多麼地唐突！他們雙方在需求上的不同也造
成諮商會談的複雜性，對比爾，最後是採取認知治療的形式；而對
瑪莎，則用較為隱喻且引發探索的取向，然後才能再把他們兩人帶
回同處一室，進行共同會談的部分。像這樣有彈性的悲傷治療，可
能才是符合不同悲傷者需求的重點，無論他們生理上的性別是什
麼，都可能會有男性化或女性化的哀悼形式出現。

　　對於相關性別差異的因應形式，除考量這些廣泛的不同外，
檢視伴侶之間在失落事件之後其持續關係所具有的特定意義也很
重要。關於意義重建的研究方面，Annalies Hagemeister 及 Paul Rosen-
blatt 根據二十四對訪談對象進行紮根理論分析而提出了精闢的陳述，
他們發現研究對象中有三分之二的人表示在孩子死後，夫妻的性關
係明顯中斷或減少。在性接觸改變的描述中，可證明夫妻對於性交
所附帶的意義看法（有時甚至是矛盾的）十分重要。例如，有些夫
妻承認在死亡事件之後，他們會避免性交很長一段時間，因為這象
徵著孩子誕生的行為；另有一些夫妻在性接觸上退縮，是因為那象
徵著歡愉，而這跟哀悼狀態是無法契合的。還有一些人則刻意尋求
性行為，因為這意味著再度擁有孩子的「另一個機會」，或那表示
著對於關係的再確認，以及生命的重新連結。很明顯地，丈夫與妻
子在性所代表的意義上總是有不同的看法。對男人來說，經驗到身
體上的親密接觸，可以是安撫與關係的資源；但對於女人，則較傾
向於將伴侶的行為解讀成侵犯或自私[18]。這個形式也出現在比爾和瑪
莎身上，比爾對「中止他與瑪莎及麥可之連結」的感覺有所抱怨；
而瑪莎則覺得他以不正當的性要求來對待她，她已經「沒有什麼可
以給了」！這些差別需要在諮商的過程中受到關注，因為它們可能
導致當事人尋求「被需要的感覺」而引發婚外情，或因為錯誤的意
義解讀而逃避與伴侶的性接觸。

　　最後，還有一個值得注意的議題是文化上所限定的性別角色，有可能在兩性關係中經驗到壓抑或強制的處境。在我們所描述的案例中，真弓的遭遇使她必須扮演被動而依賴的角色就是個十分明顯的例子；而這議題也同樣可以應用在歐洲文化，對於男性悲傷者要求他們要堅強及禁慾的情形，他們可能因此而漠視或壓抑自己真正的感覺以符合文化角色的要求。因此，在性別期盼與個人所偏愛的表達方式之間取得平衡，「符合」最適切的需求，是悲傷輔導過程中很重要的評估工作。

 ## 回應與結論

　　儘管我在此把焦點放在文化、靈性和性別的個別差異上，然而失落之後的意義重建不止是因以上所述各種向度的多元性而變得更為複雜且充滿特質，同時也受到這些向度之間的相互作用而產生影響，這倒使我先前的努力顯得不怎麼樣了。好比說，之前在本書第7章裡所提的「凱芮」一案，她兩歲的兒子最終是死於先天性心臟病，而她的悲傷則有一部分其實是因心靈上的矛盾情結所致。對她來說，雅各的死不只代表著一個她一直渴望的、可以發展深度特質的珍貴機緣，同時也是德高望重的上蒼永不改變的考驗，這打破了她本身和母親所表現的「女性無意識中的母系模式」──在這模式尚未傳達給她女兒之前。於是，凱芮深層的個人宇宙觀正是兩股動力的匯流，那就是從亡子之慟中尋求到的靈性意義，以及深埋在她文化中有關性別觀念的那種想要懲處男性的女神心態。同樣地，文化期待、性別角色和靈性信仰三者之間的相互牽動，對真弓在喪慟之後的意義重建上，也是一項明顯挑戰；尤其是在美國這個異鄉環境中，除了提供現成藥物外，彌補性的支援實在很少。因此，瞭解

個別悲傷者其獨特的困境，就好像要助人者對每個人如織毯般的失落做抽絲剝繭的工作一般艱辛，這困境正是個人和社會架構所交織而成的產物。

在這結尾要強調的是，對於意義重建的看法應建立於深信悲傷者在他們喪慟後之調適過程中，無論文化、靈性或性別等向度會刺激或阻礙他們嘗試重建一條值得繼續活下去的生路，他們自己都是這調節工作的主要原動力。最後，此一廣義的向度便展現出社會層面上可供闡述失落的各種可能意義；這時，個人將選擇性地擷取他們認為適合於其改變後世界的新觀感。我希望此書能夠在它自己的形式上，對理論家與研究學者所做的努力有所貢獻，以加深我們對於悲傷歷程的瞭解，並看到影響不同個人與族群的那些豐富且多元面向的因素。

研究筆記

1. 本章的早期版本是在Nancy Keesee的協助之下完成的，她很有勇氣地對自己的失落意義做了清晰而有系統的表達，是我發展意義重建模式的靈感來源。

2. 有關人們生命中「主要敘說」的角色以及對抗它們的心理治療方式等研究的延伸討論，請看Gerald Monk及其同事（1997）所著的*Narrative Therapy in Practice*一書，由Jossey Bass（舊金山）出版。

3. 關於治療師持著從「一無所知」的立場展開工作的這個概念是由Harlene Anderson及Harry Goolishian（1992）所發展的。該文章名為'The client is the expert'，刊登於S. McNamee和K.J. Gergen編輯的*Therapy as Social Construction*一書，由Sage（Newbury Park, CA）出版。在有關家庭悲傷的文獻中，對於採用非專家角色描述最精闢的書籍就是Janice Nadeau於1997年所著最原始的版本*Families Making Sense of Death*，由Sage（Newbury Park, CA）出版。Nadeau運用質性研究法照亮且帶出了隱約而多變的各種因應形式，對於想要在各種家庭透過對話形式之意義建構以調適失落的取向上更加精進的專業人士，此書是必讀的。

4. 針對死亡焦慮和相關態度的文獻大量而多樣化，在精進方法論的主張上，我是最直言不諱的，這可以利用一些經過改進的心理測量學和統計學來進行。這尤其可以從R.A. Neimeyer（1994）所編輯的*Death Anxiety Handbook: Research, Instrumentation, and Application*一書看到，此書由Taylor & Francis（紐約）出版。還有R.A. Neimeyer於1998年發表的文章'Death anxiety research: The state of the art'，刊載於*Omega*，*36*，89-112頁。

5. 這件工作的最初報告出現在R.A. Neimeyer、N.J. Keesee及B.V. Fortner於1998年所發表的文章'Loss and meaning reconstruction: Pro-

positions and procedures'，刊登於S. Rubin、R. Malkinson及E. Wiz-
tum所編輯的*Traumatic and Non-traumatic Loss and Bereavement: Clin-
ical Theory and Practice*，為Psychosocial Press（Madison, CT）出版。

6. 此篇論文引人入勝的介紹可以在B. Haussaman（1998）的文
章'Death and syntax'看到，此文刊載於*Death Studies*，*22*，307-320
頁。Arthur Zucker則在同一期刊中的回應文章裡，對於Haussaman的
見解提出了哲學上的相對論點。

7. 請見K.L. Braun及R. Nichols（1997）'Death and dying in four
Asian American cultures'一文，刊登於*Death Studies*，*21*，327-359
頁。

8. 想要多瞭解這個儀式在西藏文化的環境中，就文化敏感度較
高的人類學形式之描述，請參考R.E. Goss及D. Klass（1997）'Tibetan
Buddhism and the resolution of grief'一文，刊載於*Death Studies*，*21*，
377-396頁。

9. 對於圍繞著死亡的多元種族傳統，想要取得感同身受經驗
的讀者，建議您參考Annette Dula（1997）就一位南方農村的黑人
老婦，在生與死之間活生生的描述所寫的文章：'The story of Miss
Mildred'，刊登於K. Doka編輯的*Living with Grief: When Illness Is Pro-
longed*，由Hospice Foundation of America（Washington, DC）出版。

10.請見E. Becker（1973）*The Denial of Death*一書，由Macmillan
（紐約）出版。

11.請見第7章，研究筆記19。

12.M.L. Braun及D.H. Berg（1994）之文'Meaning reconstruction
in the experience of bereavement'，刊登於*Death Studies*，*18*，105-129
頁。

13.E.M. Milo（1997）的文章'Maternal responses to the life and
death of a child with developmental disability'，刊載於*Death Studies*，

21, 443-476頁。

14.R.A. Neimeyer、N.J. Keesee及B.V. Fortner於1998年的文章 'Loss and meaning reconstruction: Propositions and procedures'，本文 收錄於S. Rubin、R. Malkinson及E. Wiztum所編輯的*Traumatic and Non-traumatic Loss and Bereavement: Clinical Theory and Practice*，為 Psychosocial Press（Madison, CT）出版。關於此案例的簡要說明， 請見本書第7章所提供的資料。

15.請見T.A. Richards及S. Folkman（1997）的文章'Spiritual aspects of loss at the time of a partner's death from AIDS'，刊載於*Death Studies*，*21*，515-540頁。

16.K.R. Gilbert（1996）的文章 "We've had the same loss, why don't we have the same grief?" 'Loss and differential grirf in families'， 刊載於*Death Studies*，*20*，269-284頁。

17.這是則延伸閱讀的資訊，也適用於在如何協助「男性化」的 悲傷者（無論當事人是男性或女性）方面提供實際的建議。請見T. Martin 及K. Doka（1996）之文'Masculine grief'，刊載於K. Doka所 編輯的《與悲傷共渡》（*Living with Grief after Sudden loss*）一書， 由Hospice Foundation of America（Washington, DC）出版，中文版由 心理出版社出版。

18.A.K. Hagemeister及P.C. Rosenblatt（1997）之文'Grief and the sexual relationship of couples who have experienced a child's death'，刊 載於Death Studies，*21*，231-251頁。

Lessons
of
A Guide Loss
to
Coping

第三部分
個人資源

第9章

個人應用

　　在撰寫之前的那些篇章時，我期望第一部分簡短而集中主題的章節，無論狀況是出於所愛的人之死、關係的中斷或失去了工作，都可以在個人悲傷經驗上散放出一些訊息。同時也進一步希望第二部分那些較長的以及更為理論性的章節能夠提供概念上的鷹架模式，好讓我們看到在意義建構中的悲傷歷程，並發展出一套早期攻勢，打入能與第一部分章節所提及之儀式和失落關係相符的領域。但雖然這份資料試圖對悲傷的個體和想要幫助他們的人雙方提供某一程度的瞭解，我最終還是發現悲傷歷程的主動性比純粹閱讀所獲得的提示還要多更多。有鑑於此，在現在這一章，我便提供一些特定的應用練習，這些想法都是從本書的一些內容發展出來的，它們每一項都證明了對我所進行過悲傷輔導的案主是有幫助的。後面所介紹的一些操作在經過明智而審慎地使用之下，能夠幫助我們進行從失落中看到不同觀點的任務，並帶著我們的悲傷向前邁進。然而，很值得強調的是，使用者在這些應用中的技術並不重要，而是他用這個技術做了些什麼才值得討論。因此，我相信讀者最後會找

到最好的方位來決定何時且如何選擇性地運用這些建議，並非以所謂的「治癒」悲傷為目標，而是試圖探索其中的細微差異，然後再啟動悲傷者自身的療癒力量。

 ## 如何運用這些習題

我發現無論是當做自助技巧（self-help techniques）以因應個人失落或諮商師提供的家庭作業（counselor-offered homework）以支援持續進行之悲傷治療，接下來所要介紹的操作或應用在這兩種情況中的任何一種都十分有幫助。因為這裡大部分的習題建議都可以很容易地依這兩種不同目的而做調整，我刻意不去把這些練習再次分成兩個不同標題，而將它們放在一起作為構思集錦，好讓個人考量更加豐富，或可在任一情境中啟發相關的運用。不過，讓我在還沒開始介紹之前，就悲傷個體或悲傷諮商師將如何使用這些操作以獲得最佳利益為題，先提供幾個一般性的建議。然後再結合每一應用，提出一些特定的觀點來說明該練習要如何做最佳運用，以促進個人獨立探索或用在悲傷治療中的重建指南。

悲傷個人可能會先瀏覽後面的應用，挑選一個或多個看來與個人特質或自己的悲傷狀況較接近的功課來做。儘管我自己對這些練習的使用，無論是個人用或用在案主身上，都發現所產生的慰撫作用大過於衝突，但還是力勸各位讀者自己斟酌，選擇適用的練習。以建立「相片藝廊」來說，這個活動是用來紀念你所失去的親人其過往之生活，最後形成對他生命的一種「完整」感，同時也認可了他在你生命中所扮演的角色。然而，可以想像的是，許多悲傷者都發現這挑選與整理生活照片的過程會帶來所有酸甜苦辣的記憶，那感覺於我就發生在前幾年，當編彙父親生前的家庭相簿時，相片裡

的我才只有11歲……。就這件事本身，這種被工作所挑起的痛苦其實並非正向或負向的問題——而是那種痛苦的感覺，我們怎麼處理它，好讓這經驗是帶來建設性的還是破壞性的影響。我的建議很簡單，就是信任你自己，如果這裡有任何練習看來是令你不能承受的或覺得不適合，就先把它放在一邊；只要不是全然不可取，至少還可以暫時不管它。正如我一再強調，接下來的內容並不會告訴我們什麼是「對的」悲傷，這一章也不會企圖用什麼規則來指出怎樣才會是最好的。也就是說，我相信讀者自己會從後面所述的活動中發現一些對自己的失落有幫助的功課，也許還可以透過靈感的刺激，發展出超越我所提供的其他習題。但是也請記住，並非所有的悲傷都需要獨自承受，有些時候可以跟朋友、家人，甚或專業諮商師會談商議，也是很好的。關於這方面，本書第1章中曾對於自我協助的極限提供了一些建議，值得參考。

悲傷諮商師可能跟我一樣會發現後面所列的那些練習對於他自己就很有幫助，先就把他們自己原有的悲傷史做了一個「盤存清點」，這是把這些活動運用在案主身上進行實驗的先決條件。不像那些難以理解的「疾患」或專家在訓練課程中所學的那些複雜問題，悲傷是一種普遍的經驗，因此我們絕對相信這是個人和專家都會面臨到的挑戰。對於我們如何調適自己生命中的失落有了較為清楚的理解，以及那些調適模式可能會有的限制後，才能夠幫助我們把自己生命中的議題和解答與案主的需求分開。唯有在照顧到自己的失落之後，我們才有足夠的力量靠近案主的經驗，去瞭解他獨一無二的難處，並且認知到那跟我們自己的不一樣。

對於這裡的練習，還有第二種用法，就是可以當做悲傷治療歷程中每次會談後的「家庭作業」。配合各種形式的治療，悲傷諮商的工作如果對於我們的案主有所影響的話，最終是一定要轉化超越於諮商室之外的。對案主提供明確審慎的建議，好讓他們在會談與

會談之間，也能夠達到自我促進「悲傷調適工作」的目標。不過，為了能夠正確使用，這些個人練習應該依照下面的一些指示來提供給案主，請謹記在心：

1. 發展協同合作的態度。最有效的家庭作業通常都是相互式地設計發展出來的，而非治療式地指定功課。比如說，在會談之後問案主：「你這週打算做些什麼來幫助自己帶著這個悲傷／紀念你的兒子／跟你信任的人討論你所擔心的事情，來使自己向前邁進？」比說：「我希望你這週去做⋯⋯」要來得有幫助。當然，下面所描述的任何一個想法都可以在一個暫定的狀況下提出，尤其是若能夠與前一次會談中較為重要而明顯的情緒主題相結合就更好。以一位婦女的例子來說，她那衝動而盛氣凌人的丈夫才因車禍身亡，這使她有了「被釋放」的感覺，終於有機會能夠略微道出幾乎不被允許的憤怒，這時我們也許可以問她：「如果這週找個機會私下寫一封信給他，跟他說說在他死後你種種的複雜情緒，覺得如何？會不會覺得這是個比較安全的時刻來做這件事，或仍會觸動許多的不舒服或罪惡感，使你無法忍受？你對這個提議有什麼想法呢？」採用一種真誠合作的立場也意味著有修改家庭作業以符合案主需求的空間，或根本暫時把它放在一邊的心裡準備。本章所有練習之後所建議的變通形式，都可以讓我們將該應用調整成符合案主個人狀況的設計，但可變化的程度還是很有限，唯有靠治療團隊的創意力，以及案主獨特的需求和資源來發揮了。

2. 尊重案主的抗拒心理。如果案主對於某一項建議卻步不肯接受，要相信這是有原因的。他所經歷的種種，你可能還有什麼不瞭解的地方？可能完成你所提供的作業會有些「風險」，是我們「局外人」無法想像的？像我所帶治療團體中的蘇珊就發生這樣的情形，她的孩子約在八年前死於嬰兒猝死症。團體成員注意到她的非理性罪惡感，於是開始要求且力勸她每當想到孩子的死，那種罪過

的感覺襲上心頭時，可將這一連串自我控訴的責難寫下來並對它們提出面質。然而蘇珊卻無法就這立意良好的建議付諸行動，最後我們終於發現她抗拒的原因：抓著這種有罪的感覺，即使孩子已經不幸往生，對她來說那卻代表著她是個「好母親」的基本證明。一旦能夠看到一些其他變通的方式來建立她與孩子之間持續的關係，她就能夠漸漸地捐棄罪惡感以及因罪惡而產生的抑鬱心情，這憂鬱的狀態已經妨礙她投入其他孩子的生活很久了。

對於給與家庭作業時所遇到的種種阻礙做探索疏通，是很有幫助的，就像蘇珊的例子，能夠處理治療課程中無法完成功課所產生的問題，對她依然有好處。又比如說，要求案主寫一封信給某位死者，他們之間的關係原本是模糊不清的，當案主描述最初寫的信時，諮商師便可以探究她在信件裡將自己陷於什麼樣的地位，使她氣憤難擋，或不知所措地突然「忘記」自己該往哪個方向去。如果能夠抱著尊重的態度去理解她，而非不恭地無視於她的抗拒，這個抗拒在治療的會談中就會變成有價值的「磨坊穀物」，在案主面對失落的調適歷程中看到豐富的內容產出。

3. 尊重案主的隱私。允許案主「編修」他們對任何練習的回應，讓他們自由選擇想跟你分享的部分。例如當詢問某個活動進行的如何時，你可能會問：「這當中有沒有哪個地方是你今天想要談的焦點？有沒有什麼部分是你希望保留不談的？」如果案主感受到可以有保留個人反應的自由，而不覺得有需要立即與他人分享的壓力，他們就比較可能接受使用你所提供的活動，在一個不受監督的情境下整理自己的議題並有所反應，那可能是他們原先擔心害怕會陷入困窘或羞恥情境的東西。能夠全然面對自己的這種反應後，才能夠走向對他人做自我揭露的下一步。

4. 將家庭作業與諮商會談整合。確定每次會談結束後都針對案主承諾在下次會談前要做的功課做個記錄，並在下次見面時以詢問

家庭作業的進展為題展開會談。如果不再提及這個作業的話，很容易就會傳達出這件事好像無足輕重、可有可無的錯誤訊息；而若是對做功課的過程與完成結果表現出高度興趣，就會使諮商室外案主的家庭也整合成為治療的一部分。

我發現在兩次會談之間最有幫助的整合方式就是邀請案主閱讀，或一些其他的方式，好讓他能夠跟我分享最後的結果，而非只是交給我一張寫好的回應。像後者這樣的情形，諮商師將會面臨兩個很不理想的選擇——不是將作業放在一邊稍後才能閱讀和討論，於是喪失當場獲得回饋的先機；就是在會談的時候靜靜地閱覽，而讓案主坐在一旁乾著急地等待回應。另一方面，若是鼓勵案主大聲唸出他所寫的東西，他可以斷斷續續地在閱讀過程中進行「編修」，或停下來仔細討論這習題裡某一部分的觀點。在極少數的情形下，有的案主用這方式分享他們的反應時會感到不自在而十分沉默，這時我會徵得他們的同意，由我來大聲且慢慢地閱讀內容並加入情感，然後停頓下來跟他們分享我自己的反應，再鼓勵他對於這結果參與治療性的討論。用敏銳的心思來做這些事，可以幫助我們在案主與治療師之間建立起一座橋樑，並促使案主在稍後的會談中能夠破除藩籬與他人分享。

5.瞭解「成為什麼」（being）與「做什麼」（doing）的價值觀。在這最後的筆記中要澄清的是，我對於悲傷之主動模式的背書，並不表示我主張這應是個十分「忙碌」的療程，企圖以即刻改善困擾並回到預設的情緒平衡點為目標來加速案主的失落歷程。悲傷需要時間，而且在悲傷治療的過程中有許多關鍵是沒辦法用功課或活動來標記、是超越我們生命中可以具象形容的東西；或甚至有的人根本就漠視失落，把精力投注在其他事物上。一般來說，我發覺案主與我十分喜歡會談之間的一些作業形式，大約有全程三分之一的會談都會這麼做，而且當發現失落事件還未成為案主生命中未

來問題的重心時,我很可能建議後面的其中一個練習(譬如說,提出在其他親密關係中害怕被拋棄的感覺)。即使在這類狀況下,那些作業還是可以設計成等量促進行動與反思的功課,好讓悲傷工作的「內在」向度與調適轉換失落世界的「外在」歷程有所平衡。

另一個相關的重點是關於後面那些需要大量陳述的作業,有為數不少的習題都是要案主寫下個人反思與整合失落的筆記。我必須承認,這是由於個人對敘事治療及建構式治療的興趣與偏好所致[1],但也認同並非所有的悲傷者都會願意以紙筆來「疏通」他們的悲傷。不過,我仍然還是對於那裡面一些方式在很少用語言表達的案主身上發揮效果感到驚奇——說實在,一個選得很好的敘事方法(例如,一封簡短而擊中要點的未寄出信件)在這類案例中可以清楚且有條理地表達失落而成為有力的媒介,因為寫出來的自我表達本身就是一種小說經驗。如果諮商師與悲傷者能夠放下寫作與反思是高級知識份子專利的迷思,他們就會驚奇地發現在鼓勵之下以新的方式、簡單的語言就可以表達舊有的掛念,這是大多數悲傷者都可以做到的。

但我也並不認為敘事法在自我改變的工作上就只局限於寫下的文字,因此還有其他一些建議,像是想像的、實作的或對話性的應用和變通習題,可以用來與那些以不同方式處理經驗的人對話。我期望本書的讀者能夠用這裡的練習做廣泛的實驗,以發現對他們和他們想協助的人最有用的方法。

在這結尾我要說的是,無論是處於悲傷中的個人要用來作為自我幫助的策略,還是諮商師要用來作為治療的功課,要有智慧地使用下列這些練習,就要注意其適切性、彈性以及創意性。我希望各位在此找到的一些想法對你所做的努力能夠有所幫助,而且也邀請你跟我一起分享你所發現的其他應用練習,或就某個練習的延伸發明後續的應用。與我連絡的方法如下:

LESSONS
OF Loss
A Guide to
Coping 走在失落的幽谷
悲傷因應指引手冊

Robert A. Neimeyer, Ph.D.
Department of Psychology
University of Memphis
Memphis, TN 38152-6400
E-mail: neimeyer@cc.memphis.edu

應　用

　　以下的個人應用是以英文字母順序來排列的，但絕不表示它們的使用有特定的順序。例如，諮商師在悲傷治療的歷程中可能會覺得從「意義重建會談」（Meaning Reconstruction Interview）的一些形式開始；而在悲傷歷程中走得還不錯的悲傷個體可能會認為，為他們所愛的人做一本「紀念書」（Memory Book）是接下來看到未來遠景比較適合的功課。在每一練習中，我會提供：(1)指示，告知適合的時刻、議題，以及什麼樣的環境對這習題是最有效的；(2)變通形式，就基本的應用形態增加它對悲傷者的適用範圍和相關性；以及(3)注意事項，是關於這練習的一些缺點或限制，尤其是當用錯了的時候。在這裡，我一方面對於這些技巧提供說明，使其可以讓我們在實際操作中獲得助益；另一方面也提供來自我個人經驗的範例，有的是我在悲傷治療過程中使用過的，有的則是我自己的生命故事。最後，這些應用設計在結構上是具有引導性的，因此我在練習之後預留了一些空間，好讓想要以這部分當做作業簿的悲傷者可以直接在書上記錄下他們的回應，方便日後的參考。

B 傳記
iographies

指示：傳記是一種讚揚重要人物之生命史的傳統做法，是一份提供重要事蹟、人物、地點和計畫用以描述主角的文字紀錄。作為失落事件中獲得某些觀點的工具，它具有心理學功能，好讓我們對所愛之人的生平有一個整體的收藏，對這份紀錄的複雜性及矛盾之處有所體悟，尤其是它對我們自己的影響。然而要完成這項任務，並沒有單一的方法來記錄我們所愛的人的生平故事——就像是歷史傳記也沒有單一的寫作形式一般——以下是幾個撰寫重點可以參考：

1. *考量來源*。你想要用什麼樣的「研究」來支持你所寫的東西？傳記可以用第一人稱的觀點來撰寫（「我記得……」），或以幾位親戚或朋友共同的回憶結合而成。同樣地，這樣的蒐集可以就訪問的形式來記錄，或可併入「客觀的資料」（像是官方文件、信件、剪報等等），這些由生者所提供的資料在架構上有助於加深整件作品的印象。每一方法都值得鼓勵，但每一種方式也都會產生不同的成品。

2. *尋找驚奇*。尤其是從不同來源的觀點來看事情時，欣然接受相左的觀點，或不同的想法或回憶，發掘當事人之前不為人知的一面，這些可能與你原先所認識的主角形象很不一樣。

3. *自我量力*。任何人的生平，如果要細細去檢視的話，可能產生太多的觀察結果、說明和解釋，即使是最有雄心的敘事紀錄也無法全部包含。事實上，在幾年前就曾經出版過一本書，整本書就只是記載一位男孩的一天！所以要好好跟你自己調解一下，試著敘說一個不完整的故事，要明白即使是只有一頁的生平串唁，都比詳細介紹好多相關人物的生平來得重要。你所寫的故事不需要極力探究它為你或他人帶來的意義。

4.保持真實，但不要受制於它。雖然把傳記的發展固定在與主角有關的重要日期、工作、生活環境等事物上是很重要的，但不妨大膽超越這些格局，試著討論一些較為含糊但引人興趣的推測，例如主角之所以那樣的動機、目的和掙扎過程。試著回答一些問題：在這些公開的事實、陳述和承諾的背後，人們私下是怎麼說的呢？

5.為你的讀者而寫。任何一種寫作形式都有它的讀者，因此在下筆或打字之前心中先想好你的讀者會是哪些人，對寫作是很有幫助的。另一方面，你也可以選擇只為自己而寫，其實就是把傳記當做一種個人日記的延伸。還有一個極端的方向就是為一般大眾而寫；甚至在某些狀況下，就真的考慮出書（這常是專業作家為有名的主角寫傳記的結果）。在這兩個極端的做法之間則是針對一群讀者——例如配偶為死去的孩子撰寫短篇故事給其伴侶，或一群親戚共同為父母或祖父母而寫。很明顯地，不同的讀者對死者之傳記的背景就可能會有不同程度的瞭解，對死者生平某些特定的議題亦有不同程度的興趣，而且對你解讀或修飾故事所呈現的個人印象或感覺也有不同的接受度。一般來說，如果傳記的名稱傾向於表達作者個人的感受時，要將其散播給廣泛讀者的話，就應特別謹慎。

範例：凱若和她父親的關係一直是很複雜的。一方面，他似乎是她的保護者，是個可以無條件愛她的人，而且他對凱若十分呵護使她免受母親和姊姊的批評。但另一方面，在成年後的生活中，凱若卻時常有著奇怪的夢魘和困擾，早期與父親互動的模糊記憶縈繞不去，她似乎感到父親當時可能也曾經對她有性虐待的行為。在接受我的治療時，凱若回憶起青少年時期曾經離開父親去參加一個基督徒的宗教活動，當時他們施行的是「無接觸」禁令，即禁止教徒與家人有所接觸，這是加入活動的先決條件，因為他們認為這樣才能完全地投入自己該執行的「任務」。當她沉浸在此一教派的那幾年，父親得了癌症，而且很快地惡化，但由於深具魅力的團體領

袖對凱若的要求，使她與父親保持著相當的距離。他們告訴她，只要真誠面對自己的任務並虔誠信奉，父親就不會死；如果她心存疑慮，一心想回去看父親，他就肯定會死。然而父親的死其實是無可避免的，這卻引發了凱若在信仰上的危機，以及一波又一波的罪惡感，因此在長大進入成年生活後，她飄零無根以及深深自恨的感覺就更加強化了。

在治療過程中，凱若對於重新開啟這個引發爭議的父女關係議題感到很不情願，但這似乎是她平常與其他男士交往的絆腳石。為了這功課，她安排了一個四天的行程到達兒時小鎮。在那裡跟其他仍存活著的父親的親友交談，聽聽他們對父親以及他早年家庭情況的回憶。此外，凱若也寫信給兄弟姊妹，邀請他們提供資訊，好釐清自己對童年的記憶和對事情的解讀，她會定期地打電話給他們詢問逐漸浮現的、有關父親的點點滴滴，試著瞭解他是個什麼樣的人、什麼樣的丈夫、父親、雇員以及男人。結果經過回憶敘述，所得到的訊息支持了她對幼時受到兒虐的懷疑，同時也透露了她父親不同面向的性格，以及童年時被遮蔽的一些事實。面對這些複雜和矛盾的過往，凱若決定不再探索連貫性的故事情節，而是把那些重複的故事集結起來，將它們影印成冊，並發送給每一位提供資訊且有興趣一窺這份拷貝的親友。雖然對於他們父女之間的關係沒有清楚的解決之道，凱若還是覺得這個建構她父親傳記的過程達成了許多有用的目的，包括促使個人記憶成為她治療過程中的「磨坊穀物」、讚美他們關係中那些真正美好且充滿支持感的部分、證實她的一些存疑其實不曾存在，同時讓她從持續發掘卻無法預測發展方向的故事中看到父親和自己的生命史，而不是在記憶中靜止或凍結的片段。同樣重要的是，成為父親非正式的傳記作者這件事使凱若對家庭其他許多成員產生了信心，重新啟動了她之前與兄弟姊妹及叔嬸間的疏離關係。雖然還有很多工作有待完成，好讓她自己的生

命故事也有個更為令人滿意的版本，然而在撰寫父親傳記的過程中，並非只是複述陳年往事而已，這也使得她對自己未來的篇章有了新展望[2]。

變通形式：並非所有傳記都需要事先企劃，也並非都是因為與逝者關係中存有危機或衝突才需要做傳記的功課。像葛羅莉，她是毫無疑問地愛著父親，唯一的憾事就是沒能跟住院的父親做臨終「道別」。但她以從父親朋友與同事那兒蒐集他們所告知的父親的故事為樂事，並樂於與外公死時年紀還很小的女兒分享這些故事。對葛羅莉來說，蒐集父親的往日故事將她和父親的記憶連結在一起，而且這也是她家族口述先人往事的一種傳統，是她引以為傲的事情。

傳記也不一定要是寫出的文字，正如葛羅莉沒有用紙筆所完成的口語傳記一般。使用錄音機或錄影機將我們自己或別人的陳述錄製下來，這變通方式的優點是可以抓住說故事的人的語氣，呈現他的個人特質以及故事主角的性格。

最後，傳記也並非是要關於別人的內容。尤其假如我們想要從自己生命中的好些個失落來獲得一些整體的遺留產物，那麼可能可以寫一份簡短的自傳，以現在的有利位置來看看那些往事。若這件事情聽來令人卻步，即使就每一章節起個標題，再根據這些標題來對我們的生命做整理並畫出重點，也是十分有用的。像我最近就建構了一些篇章的標題，為自己的生命故事搭建鷹架（每一標題之後都註明了大概的內容，放在括弧中），但其實並沒有真正計畫要將其發展成完整的自傳。

I.　記憶的傳奇（童年之田園記憶、更為複雜的事實）

II.　童年的結束（父親之死、遷居佛羅里達州）

III.　嚴酷的考驗（青少年叛逆、感情問題）

IV. 自由之突破（進入大學、打造自己的生活）

V. 對比中的學習（發展人生觀、生涯計畫）

VI. 真誠的困擾（密集地涉入帶來無形束縛）

VII. 貓的行為（對工作環境權威的抗拒）

VIII. 蜂窩（「研究帝國」的建立、過度獻身的掙扎）

IX. 家庭之道（在工作與家庭生活之間求取平衡）

X. 拓展遠景（保留核心價值、拓展舊有的極限）

　　顯然地，在此並沒有十全十美的方法來組織一個人的自傳——除非是依照他個人的喜好！但我們所規劃的篇章標題卻很有份量地道出了我們從自己經驗所看到的重要議題，我們建構過往、理解現在以及期望未來的方式。像這樣的練習，可以作為其他反思之寫作形式的跳板（像是寫日記），或可作為個人諮商或家庭會談中豐富的談話題材[3]。

　　注意事項：就像本章所描述的大多數應用練習，傳記可能帶來的令人不安，也會像它的正向功能一樣強而有力。雖然我們會想要在紙張上記錄下傳記主角生命中的一些客觀事實，覺得可能有用處（例如，為後代保留關於生、死方面的資料），但一份客觀的年表大事紀在作為個人成長或治療性探索的工作上，其實是沒有什麼用的。另一種極為相反的情況是，完成了一份對所愛的死者之生平或對自己生命所做的深入而仔細的審視，這對於我們自己和那些我們想要與其分享的讀者來說，可能會令人很有脅迫感，或過於解放，或產生莫名其妙的感動。因此，在採取行動之前，先考量到個人免受傷害的極限也十分重要，以免原來是要用以療癒的工具，卻變成了使人不安的設計。

　　第二個需要注意的是，可能會被冠上「唯實論者之謬誤」的頭銜：即這樣的練習，我們可能會找到真相，或整個事實，或除了

跟死者生命有關的事實外其他什麼都沒有。雖然我們每個人對於所報導的「事實」都很清楚何者為真，何者為不實內容，但撰寫傳記很快地就會更明顯發現，這事實上就是在社會性架構之下的東西，所以無論怎麼寫，不同的人看事情都會有個人的優勢觀點產生。基於此一理由，可以看到很重要的一點是，我們不需要刻意將故事包裝得太細緻，極力想要掩飾或「消除」無可避免的不連貫性。相反地，有的人可能又會將說故事看做是一種（對我們自己或他人的）邀請，會想要從一個不同的優越位置來重述事件，這也將會是個非常不一樣的觀察過程。

Drawing and Painting
D 繪畫

指示：儘管説出來或寫下的文字在協助我們處理失落的事情上有其強大力量，但絕不表示它是意義重建方式中唯一的要角。對許 多老老少少來説，象徵式的繪圖功課或其他形式的藝術表現在飽受失落者的表達方式中，也扮演著同等重要的角色，並有可能讓他們對未來有所展望[4]。將繪圖作為個人日誌或悲傷諮商工作中的一部分，最後結果的描述也很能夠協助他們辨別些微的意義差別，時常可在感覺與無法言傳的議題之間搭建一座橋樑。

範例：當珍妮佛離開賈許投入別人懷抱時，他只有19歲，這件事引發了盤旋不去的憂鬱感，使他對生命是否值得活下去感到存疑。身為他團體治療的一份子，我鼓勵賈許和其他團體成員「畫一張」他們的憂鬱，然後找個夥伴相互討論他們的畫，接著再以他們的畫作向團體完整地介紹自己。正如預料，團體成員雖然有著相似的症狀，但這些畫卻各有明顯差異，因而提供了有力的證明，證實每個人的失落顯然都是十分個別化的。

賈許倉促形成的畫作如下所示。對我來説，他簡潔的鉛字筆畫為他這位看來平凡且不多言的年輕人説了很多話，暗示著他處在氣憤但無法有效抵抗「失落直拳」的掙扎中。他對阻遏自己痛苦以及與世隔離的處境，就像是圍繞在圖中穿著黑衫人物周圍的那個「電」框。更甚者，畫中人物一方面看來飽受折磨，而另一方面卻又顯得神聖不可侵犯，可從頭部圍繞的「箭頭」看出，這些箭頭卻又像中世紀忠誠而至死不渝的殉道者頭上的光芒一般。最後，人物底下被箭刺穿的一顆心在此正好發揮了註腳的功能，象徵性地指出他所失去的愛，正是賈許如今這般命運的罪魁禍首。當團體對他畫作中這些明顯的表達與其他部分提出問題，並試圖大膽揣測時，他

才第一次道出受這個失落對他的折磨所帶來的獨特辛酸,並理解到
團體裡其他人的困擾跟他的相似處及不同之處。

　　變通形式:任何藝術的媒介都可以用來表達失落,繪出「該藝
術創作者」特有的天賦。以凱若為例,她起先是透過象徵式的拼貼
創作,把那些從雜誌裡撕下的不一致和情緒化的折磨圖像黏貼在殘
破的相框中,呈現出個人分離破碎的敏銳特質,透露著她生命中分
割情結以及受虐關係所導致的個性。在療癒行程持續進行當中,凱
若又以類似的畫面,改以拼圖手法對這件作品做了補充,就好像一
首組曲,將支離破碎的片段逐漸交織融合在一起,或用線繩把它們

綁在一塊兒，似乎暗示著她對自己的觀感產生了凝聚力。最後再用一系列照片和簡潔生動的詩句將畫面與文字結合，那些詩句表達著凱若新發展出的平靜感。後來她將一部分作品捐給由當地心理衛生協會所組織的藝術展中參展、義賣，無論是在公眾或個人意義上都有所斬獲，此次義賣的營收則用來支援那些無法享受到心理治療服務的人。藝術作品的產出在實質上不但可以提供個人深層的感受，也能夠在當事人發現還能夠再對他人付出時，鞏固個人新的且較為欣賞的自我認同，像凱若就提供了一個活生生的範例。

注意事項：由於大多數的人（尤其是成年人）都不太習慣以藝術形式做自我表露，因此對於任何可能會有的成果，都抱以接納與渴望探究的態度來進行這項功課是很重要的。至於創意寫作，所完成的作品是絕對沒有其間的過程來得重要，因為過程中許多意義的產生都濃縮在描繪的畫面裡，那只對創作本人有深厚的價值。更重要的是，在對藝術作品進行詮釋時，務必要十分小心，無論你是專家或素人，都要十分尊重且進入創作者主觀世界來觀看其在作品上所呈現的重大意義，而非以旁觀者或評論者的角度來看他的作品。

繪出我的悲傷：

對我而言，它象徵著：

_____

_____

_____

E墓誌銘
pitaphs

指示： 在我們所愛的人剛辭世的數日或數週裡，感覺是麻木的，可能無法完成一篇獨一無二的墓誌銘，遑論還要能夠抓住他對活著的人來說所代表的意義。但若能夠好好選一篇適切的墓碑文，則經常可以肯定這份關係並且有所聚焦，倒無所謂那是否真的鑿刻在石碑上。這樣的墓誌銘有時是個人的創作，而有時則並非我們在意識下就能找到可紀念此失落的適切語詞或表達方式，反而是偶然發掘的形容更加貼切。

範例： 凱倫經過了數月的努力，終於找到一則適合放在她兒子墓碑上的墓誌銘。這孩子，肯尼，是一位嚴重殘障的8歲男孩，他的健康在一步步衰退的情形下，最後死於肺炎。終生照顧肯尼使得凱倫在精力和情緒上都相當耗損，尤其加上她丈夫在兩年前突然死於一場意外。而別人所給與的善意「慰問」，有時聽來反而充滿傷害，這更加複雜了她的哀悼歷程。有的人甚至說要不是因為照顧那孩子所帶來的負擔，她「應該會更好」，這樣她才能對其他「正常的」孩子付出更多心力。當她在我們的諮商過程中逐漸可以開始整理出那圍繞著這個失落的千頭萬緒的感覺時，凱倫偶然地瞄到一本書，其中幾頁記載著簡潔的片段，她很驚奇地發現，這些字句準確地摘要出了她死去的孩子在她生命中所處的地位：*有些時候最豐富的東西進入我們的生命中，卻是發生在我們從來不會想要選擇的去處。*這句話後來成為她為孩子鑿刻在石碑上的句子，終於為她之前一直無法形容的該有的感受畫上了「句點」。

注意事項： 由於墓誌銘對於意義的表達，是件濃縮極強的創作，因此在做選擇時應十分謹慎，且絕對不能倉促而對這個失落用了發展不夠成熟的結語。試著想要迅速簡潔地創作出一段能對與死

者之關係表達出重大意義的語句，便可能過於簡化了複雜的經歷，這會使我們忽略細微的部分，反而是寫下稍微長一點的文句或許才較能貼切地表達我們的感受。有時，一段適切的墓誌銘也可能在從事其他事務的過程中自然而然地產生，像是一場富有詩意的自我表達，或寫日記，或甚至只是與失落有關文獻的閱讀過程。因此，具有治療性的墓誌銘寫作最好是能夠保留給那些在悲傷歷程中處理得較好的，或有機會做更為徹底之調適的人來進行[5]。

墓誌銘：

_____

_____

_____

_____

_____

J日記
Journals

指示： 寫日記尤其適用於創傷性失落，這有時很難跟他人討論或甚至難以啟齒。然而在長遠來説，這種無法釋放説出的痛苦回憶積壓心中將在心理與生理上造成負擔，並經過證實是非常有害的。愈來愈多的研究顯示這一類的創傷，像是突發的失落與喪慟、個人或父母離婚、關係中的被遺棄或受虐、受到羞辱及失業，甚至性侵害事件等，都可以用寫的形式來處理，能夠使個人在情緒上或生理上獲得長足的正向影響，令人矚目地增加個人自我評價，甚至改善他的免疫系統功能⁶。想要從「寫東西」這個習題上獲得好處，就必須依照一些指引來進行：

1. 聚焦在個人一生中比較令你難過或感到受創的失落經驗上。你所寫的事件對你愈重要，就愈可能獲得有益的好經驗。

2. 寫下該經驗中你最少有機會向他人提及的面向，也許是那些你無法想像要如何向他人啟齒的部分。能夠面對並承認這些被壓抑的記憶，遠超過對心理上的助益，即使是只有你自己才會看到寫出的東西都好。

3. 從你最深的想法和感受寫起，在對事件明確的描述與你對其所做的反應之間來回推敲。用這方式將你的注意力從外在的表徵轉移到內心的觀感，經證實這比單純探索自己的情緒而不説經驗，或只談客觀事實而不理會情緒反應要來得有效。

4. 不要在意文法、用字、寫作風格或文字的正確性。重要的是你跟內容素材的關係，而非它看來是否很好或具有文學價值。

5. 每天至少寫十五分鐘，至少持續寫四天。重新審視失落可以推進意義的建構，但這並非一次就可以達成的。允許整個寫作過程在寫下的內容和方式上有所改變，即使轉移到了另一個創傷經驗也

無妨。如果遇到瓶頸，就寫關於這個瓶頸本身的事，然後試著探索它的背後隱藏著一種什麼樣的經驗或感受。

6.寫完之後，回到「現實生活面」之前，可安排一個轉移的時段。要記得，在短期內寫下這種有關創傷回憶的日記很可能是件痛苦的事，而且可能會牽引出更多與該事件有關的東西，因此別期望你能夠很乾脆地從書桌前面站起來，然後繼續工作或為家人準備晚餐。相對的，最好是能夠在寫完日記之後安排一個「緩衝時段」，比如說探訪可信賴的知心好友、私自出外走走、做些運動，或其他一些不需要你立即重整情緒的活動。

範例：凱若因嚴重持續的憂鬱症而被轉介治療，這個憂鬱症使得她對痛苦或快樂的事都沒有了反應，情況嚴重到她得割自己或燒自己，才能知覺到自己的存在。她根本就不信任他人，也與人十分疏離，同時腦中經常被兒時受虐的記憶與近來為她所愛的男人虐待的情景所占據，這情況日益嚴重；而且看來要她將這些痛苦的祕密說出來給別人聽，即使是在受到機密保護的心理治療會談也不太可能。由於我溫和的勸進，她終於開始在個人日記中宣洩出來，而當中有些事她也漸漸能夠說給我聽。

天天這麼寫著，凱若起先生動地表達出她與過往痛苦事件有關的自我憎恨感，後來終於能夠陳述透露出她受亂倫的經驗、父親之死、青少年時期深深吸引著她的宗教膜拜活動所帶來的心理創傷，以及接踵而來與一位男士品質低落的性關係。起初，凱若所寫的都是急性痛苦的症狀，從她不均勻的筆跡所呈現的壓力就可看出。但經過一段時間後，當她慢慢記述著自己一步步走向漫長的自我尊重以及重建生命中親友關係的歷程後，其所寫的內容就變得較有思考性，甚至是有著豐富情感的抒情體。凱若的日記反映出其整體的漸進演變，是一個朝向調適失落和整合生命的目標在發展，並且也同樣記錄了她邁向自我肯定之路上偶爾遭遇到的挫敗感。

像凱若的故事是比較具有戲劇性變化的，但其實日記這功課，可以很容易地沿用在較為正常的生命故事上，以及沒有那麼深沉但是仍然很重要的失落陳述中。像47歲的安竹，一位健保體系中的行政官員，在部門改組的時候失去了工作。即使在個人與家庭的調適上有著穩定的歷程，安竹仍然發現轉換到自雇創業的狀態十分受傷，感覺到心中對失業這件事，還有走向成功創業之路不可避免的阻礙充滿著憤怒與怨恨。對他來說，每天寫日記使他感到一週的勞累值回票價，在日記中他可以抒發前任雇主背叛他的怨氣，以及對未來有時覺得亟需掌控大勢的焦慮感。更好的是，他發現在寫日記一段時間後，寫作的形式逐漸改變了，從起先那種表達性的宣洩文體變成了大量著眼於問題解決取向的內容。就像經常會發生的事那樣，這私人日記的功課引導著他自動與太太溝通有關經濟上的問題，並產生一起合作、相互扶持的計畫，讓他的家庭平安度過了這場調適中的困境。

變通形式：雖然如上所述，每天寫日記值得鼓勵，因這具有表達功能的課業，也是十分個人化地對失落的一種探索，但還有很多其他形式的日誌可以幫助我們從失落的功課中整理出一些東西來。譬如說，情感導向的自我揭露，可以改變成較屬精密計畫的腦力激盪，像在安竹的例子中就是這樣；或有的人可以用這一類的寫作轉換成描述每週或每天在情感層面上發生的種種事情，有時也會發現它們暗地裡仍然與過往的失落經驗有所關連。另一種變通就是，你也可以記錄做夢的日記，在裡面捕捉並詮釋重要的夢境（像是把死去父親出現在兒時家中閣樓的短暫畫面保存起來）[7]。本章還有介紹一些其他形式的表達性寫作功課，可以用來跟這一段所介紹的日記作業相結合，或成為日記功課的準備工作，於是會覺得有很高的自由度，可以根據個人目的而選擇各種不同形式的寫作來表達。在某些情況下，任何形式的寫作都可能顯得太過拘束，變通的方式亦可

考慮採用錄音來進行。

　　注意事項：除了上面所提醒的事情之外（即在密集寫作之後要預留一段可進行緩衝活動的時間），安全保存你日記的隱私也常是很重要的考量，這樣你才會感到真正自由而毫無拘束地寫下心中的話。要記得，這些寫出的東西其最主要的觀眾就是你自己，因此不需要跟他人分享，這對你將有長遠的好處。有些人甚至發現寫在紙張上經過「承認」之後，再將其銷毀也可以再三確保安全的隱私，然而這樣做也有缺點，這不但消除了未來反思的資源，也使得個人成長缺乏實質紀錄。

　　第二個要注意的是此作業的適用性，或本章所提任何其他個人自行使用的練習也是一樣。因為密集地充滿情感的寫作會讓人暫時沉浸在毫無警戒的狀態，比較容易受到傷害，即使它在長期調適上很有幫助，但還是不能操之過急，別在失落發生之後就想要立刻開始這樣的作業，而是寧願等待，要等自己做好相當的準備再進行才比較安全。同樣的道理，諮商師對於還不是很穩定的案主使用這類寫作的功課，必須要考慮周延；像我把這一方面的作業介紹給凱若時，我們的會談其實才剛開始建立好信任及可持續的治療關係。即使選用這個作業作為治療的一部分，無論她在我們的會談過程中是否願意與我分享某些片段的內容，我還是要持續尊重案主有關隱私的權益。

L生命標記
ife Imprint

指示：雖然在西方文化中，人們很習慣將自己看做是單獨的「個體」，以自己與他人的不同而引以為傲，但事實上我們還是會表現出「模仿的個性」，反映著生命中重要他人的性格模式，這些人所涵蓋的範圍還很廣。從生命的第一天開始，不需要任何刻意的念頭，我們就在默默地從父母、親戚、朋友，甚至我們所認同的公眾人物學習他們的姿態、想法、說話神情、感覺以及動作。因此在某方面來說，我們是這些人活生生的紀念館，就算他們死後，也還是在我們身上留下影子。注意到這些人在我們生命中所留下的標記，是對他們的貢獻表示敬意的一種很有力的形式，形成了一個相互連結的生命大網絡，透過我們自己的生命延伸至他人的生命中[8]。

變通形式：雖然我們天生就會在個性行為、品味喜好，以及價值觀上承襲父母親的特質，但某個生命在另一個之中所形成的標記絕不是用簡單的基因遺傳概念就可以解釋的。例如，從孩子身上「反承傳」到愛的感覺、忠誠，或對生命的珍惜等特性，也時常為喪慟中的父母所提及；此外，重要的良師益友，雖然沒有血緣關係，也經常是我們認同學習的來源。因此追蹤某位好友在我們生命中所造成的影響，就跟檢視父母留給我們的標記一樣有道理，只是可能前者留在我們身上的會比後者留下來的更為抽象。

注意事項：並非所有標記都是正向的，說得明白些，人因為有些關係帶來困擾或使人處於矛盾情結。因此我們可能有時發現到自我存疑的感覺、被迫的感覺、尖酸的語調，或容易對好批評父母所指引的榜樣生氣，或發現我們對別人的建議之所以不信任是來自於朋友影響。但就算這樣，能夠瞭解到這些負面的標記來自我們外在周遭，且是可以抵擋或經由個人努力而有所轉變，對我們就很有幫

助了。此外，即使這些負面例證基本上是伴隨著同一人補償性的優
點共存而來，我們也可以有所選擇地去做認可和保留。不過，要將
矛盾關係裡錯綜複雜的標記整理出來是件艱難的任務，有時可能需
要專業諮商師的協助才能完成。

我想要探索留給我標記的人是： _____

這個人留給我的標記如下：

在我的個性與行為上：

_____
_____
_____
_____
_____

在我說話與溝通方面：

_____
_____
_____
_____
_____

在我工作與休閒活動方面：

_____
_____
_____
_____
_____

在我的基本性格上：

_____

_____

_____

_____

_____

在我的價值觀與信仰方面：

_____

_____

_____

_____

這當中我最想肯定與保存的標記有：

_____

_____

_____

_____

這當中我最想放棄或改變的標記有：

_____

_____

_____

_____

L連結物
Linking Objects

指示：我們時常會保留死者生活中的遺物作為慰藉，而且也很自然地會在人們還沒離開人世時就開始蒐集值得紀念的東西。養成這種習慣使其成為因應失落的有意識策略多少是有幫助的，因此我們可以刻意地決定要如何將珍貴的「連結物」整合至我們持續下去的生命中。

範例：當凱倫的兒子肯尼經過八年的殘疾且受病痛折磨而死之後，她有好幾個月無法思考「清除他房間」的事。但當經過一段悲傷諮商的會談時期，而開始感覺對於兒子的生與死可以找到意義時，凱倫便覺得做這件事在她療癒的過程中是合理的下一步。再加上我稍稍的鼓勵，她於是徵詢十多歲女兒的協助來整理肯尼的東西，將那些可以給特定家人朋友的東西挑選出來，其他的就捐給慈善機構。然而，聰明的凱倫同時也決定保留一些具有特殊意義的玩具，像是填充動物布偶，這在她年幼兒子不斷住院的病程中是個很大的慰藉，凱倫將它們放在房裡一個造型簡單的玻璃櫥窗中，稍後她又將這個房間改成了書房。這個使用肯尼玩具的決定，一方面持續使她的情感與孩子有所連結，另一方面也是與其他家人有所連結的象徵，這使得凱倫在改變的生活中為肯尼找到一席適切的位置，是她認為孩子會認可的方式。以跟女兒討論的方式來做這個決定，也製造了共同回憶往事、共同流淚、共同歡笑和互相擁抱的機會，這使得她們倆個即使在悲傷中，也還能緊緊結合在一起，維持著家的樣貌，而肯尼在她們廣義的家中也保有一個位置。

變通形式：就連結物本身來說，並非對所愛死者之回憶的連結物都要是實質物品。黑人女歌手娜妲莉高（Natalie Cole）在父親納京高（Nat King Cole）過世後，以後製科技與其父合聲錄製的二重

唱歌曲「Unforgettable」才真的是令人難以忘懷的好例子，兩代之間優美的和聲就是最好的連結。同樣地，馬丁路德金恩三世決定要持續他父親為黑人爭取民權的志業，透過終身職志，將他的理念與父親的使命相結合，也是個例子。因此，連結的東西可以是實質的形式，像穿戴死去父母親最鍾愛的配飾或衣物；或可以是抽象的，像追隨他的腳步，持續他的志業或未完成的計畫等。

注意事項：儘管看來似乎意義深遠，但要培養與往生者的連結，若是過於極端的話也會產生問題[9]。尤其是當個人一心想要用死者所在意的事物做連結，卻導致當事人忽略了其他的事情；或是對奪取死者性命的疾病懷有恐懼而產生心理障礙時，所認定的連結物可能就不好用了。類似的情形還包括，對於所愛死者的遺物無法放下，顯然就表示他還不能在失落的餘波中面對生活上必須的改變，就好像一個人的自我認同從那個時候開始就凍結了。在這些情形下，通常是要啟發他們試著去瞭解持續連結的意義，並提供更多不同的及象徵形式的連結，而不要強迫不願意改變的哀悼者去做到「放下」的境界。

我可以用什麼來與死者或其生命作連結：

_____

_____

_____

我可以讓自己受到什麼樣的改變：

_____

_____

_____

L失落特質
oss Characterizations

指示：作為一項深度敘說技巧以探索失落及其對個人自我認同的影響，這件失落特質的作業可以在悲傷治療中當做輔助工具，或是用來自我發掘的過程指南。在諮商情境裡，它可以在我們想要瞭解喪慟者自行調適失落狀況的任何時刻使用，此時諮商師可採用最少的諮商架構來處理。失落特質技術的運用就只是提問開放式的指示句，將問句分別放在每張白紙的上端，回覆的人只要覺得適合，就可以有最大的空間及時間來回答，所產生的描述稍後可以用稍微正式一點的對話來探索其間意義。這組指引列出如下：

請在下面的空間，就其失落的觀點寫出對＿＿＿＿＿＿＿＿＿（你的名字）特性的描述。寫的時候就把他當做是一本書、一部電影或一齣戲的主角。把他寫得像是很瞭解他的密友所寫的，而且充滿了憐憫之情，沒有人比你更瞭解他了。要記得以第三人稱來寫，例如以這樣的句子起頭：「＿＿＿＿＿＿＿＿＿是個……」

這段指引所用的字句是很謹慎的安排，用以邀請案主討論那些在他生命架構或自我認同中所發生過的主要議題[10]。因此「特質描繪」（character sketch）一詞正是刻意用來指陳一種個人對自我認知感的敘說，但也意味著這個描述不需要是決定性的或包羅萬象的自傳。邀請當事人形容的主要特質是有關他失落的部分，將焦點放在喪慟經驗的相關事務上，但又不將其與失落的關係視為正向或負向的經驗。同樣地，這件作業的開放性可以讓敘說者將重點放在他經驗中的任何方面，而非預設立場地牽引他到某種特定反應的描述上。以一位持有同情態度或親密友人的立場來看，這位作者較容

易對自己和自己的人生做相當深入的觀察並加以討論，而又可使自己保持距離不會自我評斷或貶抑。最後，還要以第三人稱而非第一人稱來陳述，這失落特質的功課便促使當事人對自己的生命有所洞悉，對個人處境提供更為寬廣的脈絡，而非只以第一人稱之陳述所透露的較為狹隘主觀的看法。總之，這裡的指引要能夠邀請當事人對他自身做一些有助於突破成長的工作，若能把焦點放在自我與生命建構非常不確定的部分上，則可使探索更加吸引人，但也要是值得建構的內容才會有意義。描述的結果可用來作為個人失落日誌功課的起點；在悲傷諮商的工作中，是個可以用來辨識那些值得注意的議題的媒介；或可以作為較詳盡之質性分析的資料來源，如下面的範例所述。

範例： 以下所呈現的是凱芮的失落特質，並加上了一些解說性的註釋。她大約是在兒子死後三年完成了這份作業，當時死於先天性心臟衰竭的雅各只有2歲。

凱芮是位從內心深處來感受及體驗她自己生命的女士，在失去兒子之前，她過著表面上「令人滿意」的生活。從整體外在而言，她生命中所有的事物都是安逸而美麗的；而在深深的內心，她卻覺察出有些東西使她感到自己的生命和生活方式的低下。雖然表象的實質條件，如財務上的保障與社會歸屬感都不虞匱乏，但無論是對自己或別人，她心裡還是覺得不踏實。對自己的看法，似乎總有那麼一小部分還是感到不對勁，好像做錯了什麼。看到別人，覺得他們都能夠有深度且有智慧地處理自己，而自己卻缺少了這樣的能力，這令她對自己有很負面的感覺。她很確定，在某些地方一定是有什麼不對或差人一等，但卻說不出來。

記得中學時代，凱芮最好朋友的母親過世了，如同凱芮許多其他的朋友一般，可熙雖然成為非常受歡迎並受大家喜愛的人物，

但總是為著自己的人生所苦。對凱芮來說，這真是個生命中令人不解的並存關係：那些在生命中曾有變故和悲傷的人都不快樂，但卻深受他人喜愛。而那些能夠愛著自己，擁有超典型正常（正常地到了無聊的程度）生活的人，卻沒有別人所擁有的深度感受和歷練魅力。許多年來她總是天真地期望自己也能有些特別的東西融入生命裡（但她不瞭解別人曾經付出的代價有多大）。終於，到了34歲，她的願望實現了，有機會可以經驗並發展那種她長久以來一直在別人身上搜尋著的深度與內在智慧。那就是她的第二個孩子，雅各的出生。

在這孩子的整個生命過程中，凱芮根本就是過著遺族式的生活，但她卻渾然不知。那就是她的生活方式，而且一段時間後，一切都習以為常。現在回顧起來，在某些方面來說，凱芮在那幾年當中其實是放棄了自己的生活，以求雅各的生存，也是讓自己的經驗更加成熟，醞釀出協助自己靈性成長的可能性。

二十三個月以來，凱芮過著隨時都可能因為雅各臉色發青而需要（事實上真的有很多次）跳進車裡奔去急診室的日子。在去醫院的路上，她總是祈禱著希望他們可以只是為雅各檢查一下，幫他換個藥或做些什麼，好讓他們當天平安回家；但沒有一次的逗留會少於兩週。連續十二夜躺在雅各病房裡的折疊床上，有些夜晚她會因為所有的不公平而哭泣，她是多麼地想回家，躺在自己的床上，等待別人來呵護；然而在這方面來說，凱芮真是別無選擇。真是別無選擇！！！除了陪著極度需要她照顧的兒子，她真的是別無選擇；唯有她才能夠感應到兒子最細微的變化，預先看到即將發生的問題，做好防範措施。有很多回，凱芮真想一走了之，想要逃避，但這也是她一生中第一次清楚地知道，有些事情是沒辦法做到的，她沒有選擇的自由。她深陷在一種變化十分劇烈且令人精力透支的生活中，有時還叫人感到驚懼。

通常，在這些住院的日子裡，除了傍晚時丈夫來接替她幾個小時之外，凱芮是全程留院的。可以放鬆的時段裡，她就會回家看看親愛的莎拉，這孩子早已經放棄被告知媽媽去了哪裡，又何時回家的期待了。喔，天哪，她內心對自己的無能吶喊著、搥打著，真的無能為女兒除去這種痛苦。她願意以任何東西來交換，好讓女兒有個免於痛苦的生活；但她沒有辦法。體驗這是一種什麼樣的痛苦，對凱芮來說是一門新的人生課題；看到小小年紀，才3歲的女兒面臨這樣的生活，對她來說也是很艱難的一課。通常，凱芮在家和女兒一起時，會飲用一些葡萄酒來麻醉自己，等到莎拉上床後，再喝咖啡讓自己清醒，因為她又要回醫院值班了！！通常都是整晚守候，那她什麼時候睡覺呢？我也不清楚，不過好像不常睡，或久久睡一次。在這整整二十三個月當中，凱芮和家人獲得很多人的支持與愛，這些人有些是他們認識的，有些甚至是他們不認識的。而當雅各死時，大致上也都是這樣，雖然也有些人不能夠接受這事情所帶來的痛苦事實。

雅各往生後，凱芮極力地找尋答案，想要知道為什麼這件事會發生在她（和家人）身上。二十九年前，當她自己的母親29歲時，凱芮也是失去了一位手足，剛出生不久就往生了。那時她就跟莎拉現在失去弟弟的年齡一樣。當凱芮開始在這個失落中重新審視並再度評估自己的「正常」生活時，她無法忽視這同時發生的種種，那些事對她來說是那麼地鮮明。凱芮將矛頭指向上帝，將他視為「天上偉大的果報收銀員」。他（沒錯，就是指男性的「他」）向她說：「這裡有一筆債務需要有人付出，你可以現在付給我，也可以稍後再付，但就是要有人付出。而且還要加上利息！！」凱芮開始瞭解到，儘管她一生都能夠成功地將痛苦深埋在心裡過活，甚至將自己與其隔離，然而該「付款」的時刻到了。她知道，如果不能為這外祖母和母親留給她的渾噩之罪有所付出，那麼位在這條母系連

線末端的、甜蜜親愛的莎拉將會被迫付出這筆龐大的女權渾噩債務。就像所付出的，凱芮最終也從痛苦的歷練中獲得了等量的正向價值，不想再把這一段流傳給女兒。她決定要好好過自己的生活，並盡可能有自覺地撫育她的其他孩子。

　　凱芮現在所擁有的自覺性，是在失去雅各、失去不能承受這痛苦的朋友們，和失去她原先相當享受的生活方式當中，付出極大的苦難代價所換來的。儘管她很想做個可人的妻子和朋友，但有些時候，即使是那些在她身邊最親近的人也沒辦法瞭解她這些年來所感受到的憤怒，也沒人知道她靈魂中內在的煉金火有了什麼樣的變化。

　　在非常真實的感受中，正如凱芮所述的失落特質那樣，其實這已經為它自己說了話：它對作者的喪慟經驗提供了立即可見的描繪，將重點放在這個特質是如何形成，且如何藉由悲傷者個人的自我認同來形成。將其用在諮商情境中時，這功課提供了一個切入點，讓我們可以走進如精緻壁毯般編織在失落周遭的意義架構世界裡，引發更具治療性的問題以協助案主發掘更深層的喪慟經驗。

　　不過將失落特質這個練習當做悲傷諮商「家庭作業」的非正式用法，與其同樣有幫助的是，也經常可以將所述的內容提供為較正式的質性分析資料。在本章所描述的這個案例中，我就會根據一些問題指引來詳細檢視凱芮對她失落經驗的建構，並知曉這些只是整套問題中的一小組用以分析她特質的提問。因為這個比較詳細的、有些分析意味的做法十分可能發生在悲傷治療的情境中，因此我會以凱芮的案主身分來討論這當中的含意，但當此練習是用來作為一種自助式的應用，很多相同的問題也都可以在自我探索中來提問，在此將它們描述於下。

　　1. 以完全信任的態度展開話題，自問：「透過凱芮的眼睛，你

覺得這世界看來像什麼？」如果我們不要先入為主地對凱芮在兒子死後的調適去認定那樣是否健康、正常或複雜的話，就有十分的自由度來同理探索她個人世界的獨特視野，以及對自己在這當中的看法。從凱芮的特質來看，她的世界是個顯得有些孤單的地方，一個屬於個人掙扎的場所，但這個掙扎在意義上來說卻很豐富。就宇宙觀來說，這是個充滿意義的世界，重要生命事件即使帶來痛苦，也都是上天刻意安排並非隨意發生的。

2.觀察後續結果以及轉變，將其解讀為這是整個發展必要的協定，將發展斷裂的地方看做是主要議題所需的意外淬鍊。凱芮在這裡並沒有平鋪直述地依照時間來敘說故事，而是將她的失落經驗放在第一段，以需要解決的問題作為背景，好比說，雖然外在生活很「豐富」，但她總感到有些「不對勁」。然後她在第二段，對於這點有了更精細的描述，根據她長年的觀察，發現「那些在生命中曾有變故和悲傷的人……深受他人喜愛」。因著雅各的出生，生與死在這矛盾理論當中便成了個人的一種解藥，然後她有了結論，最後一段陳述了這生命中的大改變在靈性和宇宙觀的反思上所代表的意義，這就是整個失落特質的主要內容。因此，即使她所用文體顯示著是在架構自身經驗，而這種企圖本身在某方面來說，也深具意義和相當的完整性。

3.找尋類似內容，發掘重複的形式，這可以指出先前不曾完全表達的重要議題。凱芮的文字中充滿了「劇烈」、「痛苦」、「驚懼」和「極度需要」等直接感受，還有間接提及對她狀況的「哭泣」、「鞭笞」及顯現「憤怒」等回應。雖然這些突出的混亂情緒經驗在她侃侃的陳述中顯得好像被消聲了，但它們一再的出現意味著這個「煉金火」在練就她所祈望的自我轉化中是多麼重要。這意指著諮商師可以將痛苦的影響看做是凱芮極富潛力的建構經驗，而非需要掌控或消除的問題。然而，顯而易見的是在此無法向別人對

這些感受的瞭解提供參考（或可說是見證），至少其中有提到過他們不能瞭解。這也就是說對於她內在生命的種種，有關社會性認可的整個議題可能會是個治療會談中值得探索的話題。

4.在關鍵句的不同部位轉換重點，作為「解讀」不同意義的提示。這則指引可以幫助我們將分析後的詮釋焦點放寬一點，否則很可能會無意間限制在單一的解讀中。在此簡單舉個例子來對凱芮的開放式句子察看細微的不同之處，看看下面的兩個重點：(1)凱芮是一位對自己內在生命有很深感受與經驗的女士。(2)凱芮是一位對自己內在生命有很深感受與經驗的女士。第一個陳述強調的是如上面所述以情緒面為主的考量，而第二個則著重於她生命的內在部分，可能還有與他人分享這些東西的掙扎。第二個重點所包含的意義將在下面做進一步討論。

5.在其描述中主要的意義向度是什麼，而這在案主的生活及失落經驗中又顯現了什麼樣的重要張力？假設我們的意義架構是以個人意義對比具有重要議題的生命事件而整理出來的，那麼作者是以什麼樣的概念來理解她自己和外在的環境呢？凱芮的文字在這概念中呈現了豐富的脈絡，包括對她生命「內在與外在」的對比觀點、明顯的「迷人相對於內涵」價值觀的存在、一個鮮明的「有困擾相對於正常」的人，以及那些「被喜愛相對於沒有吸引力」的人等等。會重複出現的現象，一方面像是「深度和內在智慧」的呈現，而另一方面像「渾噩無知覺」狀態這兩者之間的對比，似乎也包含了剛才提及的好些向度；同時，在膚淺地追求外表與正常化，但卻渾渾噩噩度日而不受到喜愛的生活方式，與較受困擾和痛苦，但可以有較多內在深度的生存模式，這兩者之間也透露出極大的差異；甚至還有許多是與他人之間的愛的關係。凱芮對自己的看法則好像是利用她自己的失落使自己從前一個星座移到了後一個星座。

6.作者的意義架構是如何地受到這失落的挑戰，又如何受到了

它的支持,是誰對她目前的自我瞭解提供了重要認證?在凱芮的例子裡,雅各的出生和死亡強烈地破壞了她原本表面看來「正常」的生活,當然另一方面在較為深層之處,她對雅各的照顧跟內心深處期望更多的自覺是有關的。雖曾提及整個家庭從那些「他們認識和不認識」的人那邊收到「關愛與支持」,但家庭本身內部卻缺乏溝通,還不如那些短暫的支持,這倒是值得注意的事。在文字中看不出有沒有家庭裡的成員或外人認可她從兒子之死所獲得的意義,或從這個失落觀點來重建自我認同的企圖。

　　7. 檢視作者的詮釋風格,尤其是他或她對失落本身的歸因看法。以凱芮來說,正如同大多數喪慟者,為著為什麼她所愛的人死掉了這樣的問題尋求滿意的解答,是她在生活中以及這個失落特質描述裡的中心議題。當凱芮經驗到雅各的病痛與死亡,並體驗到她自身別無選擇地沉浸在看護角色中時,即便如此,她還是從中尋求到心理靈性上的意義架構,讓她令人懾服的生命篇章有了更寬廣的意義。她在以堅定之男性上帝為中心的個人宇宙觀裡發現了這樣的架構,這實在為她曾經熱切尋求的深度和內在智慧付出了極大的因果代價——犧牲曾經「安逸」的生活、社交圈,還有她鍾愛的兒子。然而,直接與間接的補償最終還是平衡了這些犧牲,像是看到她兒子(以及女兒)痛苦的減緩,或更為抽象地(但同等有力地)打破其世代間循環的女權「渾噩」習氣,讓她和女兒活在比她母親對她(至少是指她母親自己的傷慟開始的那一剎那起)更為真誠且能夠自我覺察的日子裡。以建構學者的觀點來看,這個建構工作的效度不是重點,而且在任何狀況下都無可爭辯。重要的是凱芮為這樣的詮釋找到了證明,那就是圍繞在她兒子的死與二十九年前妹妹的死,其周遭所發生的種種狀況呈現著意義非凡的巧合;還有就是這樣的陳述使得她的失落跟她的傳記十分吻合,能夠前後銜接兒子短暫的生命。在生活中放棄了這麼多之後,她終於能夠從失落中有

所收穫，並且讓「自己的經驗更加成熟，醞釀出協助自己靈性成長的可能性」。

變通形式： 失落特質的應用可以很容易地與悲傷治療結合起來，在治療過程中將它帶入用以指引一些重要主題或議題，以便進行更進一步的治療工作。不過，無論是否要依據這裡的「問題指引」來詳細探討其意義，這項應用都可以將它放在個人日誌的切入或深入工作上，以探索失落對一個人自我意識的改變所具有的含意。

儘管前面的例子是將重點放在像死亡這樣的重大失落上，但這個技巧也可以很容易地應用在其他形式的失落處理，只要將指導語稍微做個修改，提及各自的特性，像是從他的離婚、失業或遷移等角度來撰寫。最後，在失落後的各個階段不妨重複利用這項功課，可以在「重新自我認識」的這段時間提供一個追蹤與確認的過程。

注意事項： 使用失落特質這項練習的人要注意，避免傾向將焦點只放在他們的弱點或無力抵抗的議題上，但這些內容倒是可以在他們陳述自己的優點時相提並論。總之，這個技巧是為描述而設計的，不是用來評估的；而且是用來啟發當事人協助他說出因失落所引起的不預期轉化，於是能夠因而對事件賦予意義。運用描述可以辨識出作者「扭曲的想法」或「神經質傾向」，於是能夠瞭解到其中的不適切而有所避免。

你的失落特質

　　請在下面空白中對＿＿＿＿＿＿＿＿＿（你的名字）的特質，就他的失落方面做個描繪。寫的時候，就把他當做一本書、一部電影或一齣戲的主角；把自己當做是一位非常親密、對他很熟的朋友在寫他，而且對他的處境十分同情，這人恐怕就是非你莫屬了。記得要用第三人稱來寫，例如從 「＿＿＿＿＿＿＿＿是……」開始下筆。

＿＿＿＿＿＿＿＿＿＿＿＿＿＿＿＿＿＿＿＿＿＿＿＿＿＿＿

＿＿＿＿＿＿＿＿＿＿＿＿＿＿＿＿＿＿＿＿＿＿＿＿＿＿＿

＿＿＿＿＿＿＿＿＿＿＿＿＿＿＿＿＿＿＿＿＿＿＿＿＿＿＿

＿＿＿＿＿＿＿＿＿＿＿＿＿＿＿＿＿＿＿＿＿＿＿＿＿＿＿

＿＿＿＿＿＿＿＿＿＿＿＿＿＿＿＿＿＿＿＿＿＿＿＿＿＿＿

＿＿＿＿＿＿＿＿＿＿＿＿＿＿＿＿＿＿＿＿＿＿＿＿＿＿＿

＿＿＿＿＿＿＿＿＿＿＿＿＿＿＿＿＿＿＿＿＿＿＿＿＿＿＿

＿＿＿＿＿＿＿＿＿＿＿＿＿＿＿＿＿＿＿＿＿＿＿＿＿＿＿

＿＿＿＿＿＿＿＿＿＿＿＿＿＿＿＿＿＿＿＿＿＿＿＿＿＿＿

＿＿＿＿＿＿＿＿＿＿＿＿＿＿＿＿＿＿＿＿＿＿＿＿＿＿＿

＿＿＿＿＿＿＿＿＿＿＿＿＿＿＿＿＿＿＿＿＿＿＿＿＿＿＿

＿＿＿＿＿＿＿＿＿＿＿＿＿＿＿＿＿＿＿＿＿＿＿＿＿＿＿

＿＿＿＿＿＿＿＿＿＿＿＿＿＿＿＿＿＿＿＿＿＿＿＿＿＿＿

＿＿＿＿＿＿＿＿＿＿＿＿＿＿＿＿＿＿＿＿＿＿＿＿＿＿＿

＿＿＿＿＿＿＿＿＿＿＿＿＿＿＿＿＿＿＿＿＿＿＿＿＿＿＿

＿＿＿＿＿＿＿＿＿＿＿＿＿＿＿＿＿＿＿＿＿＿＿＿＿＿＿

問題指引

1.透過這位人物的眼睛，你覺得這世界看來像什麼？

_____

_____

_____

_____

_____

_____

_____

2.在這篇故事中，有沒有發生任何事情使劇情中斷了？有沒有
任何主題或議題可以為中斷的部分搭建一座橋樑？

_____

_____

_____

_____

_____

3.有沒有什麼相似的片段在這篇陳述中重複出現，這可能指陳
出一個很重要的議題？

_____

_____

_____

_____

_____

4.在關鍵句中把重點移到不同的字詞或片語，這樣有沒有發現這篇文章讀來有不同的意思？

_____

_____

_____

_____

_____

_____

5.在這篇描述中，主要的對比或向度是什麼？這表示主角可以接受的改變是什麼？

_____

_____

_____

_____

_____

_____

6.這個失落以什麼方式挑戰了主角的假設認知架構或他的自我認同？誰支持著他來調適這個失落，又是如何支持的？

_____

_____

_____

_____

_____

_____

7.主角如何回答失落何以發生的問題?這解釋經過這麼一段時間之後有改變嗎?

_____

_____

_____

_____

_____

_____

_____

_____

M 意義重建「會談」
eaning Reconstruction "Interview"

指示：下面的這些問題在以意義建構為取向的悲傷諮商會談一開始的時候，給了我們一個一般性的會談結構。我試著在三個主題下建議一些代表性的提問：入題提問（可幫助你進入案主的悲傷經驗世界）、詮釋提問（可以將這些主要提問延伸至更多有關意義建構的方向）以及加工提問（可以促進對該失落更為寬廣的看法）。除了諮商師可將此當做「評估」的工具外，有些人發現當案主對這些問題做構思回應的過程中，其本身在治療上就具有很大力量。

變通形式：喪慟者會發現，過程中即使沒有諮商師的涉入，這些問題在他們自我反思撰寫失落時，也很有提示的幫助。此外，這裡的一些問題不止用在面談架構中，還可以用來作為每次悲傷諮商會談之間的家庭作業。

注意事項：我發現最有幫助的就是在每一分類中選兩、三個對案主的狀況最適合的問題來提示我對他經驗的探索而發問。不過，基本上我只用這些作為會談的出發點，因此鼓勵喪慟者和悲傷諮商師不要「拘泥」於「非得依著架構」來做，若是有所偏離看來也會是適切的轉向。

入題提問

· 你想要探索哪些與死亡或失落有關的經驗？

_____

_____

_____

_____

‧對於所發生的事情，你回想到當時自己是如何反應的？

_____

_____

_____

_____

‧這段時間以來，你對這件事的感覺有什麼樣的變化？

_____

_____

_____

_____

‧你生活中其他的人在當時對失落事件的反應如何？對你的反
　應，他們又是如何回應呢？

_____

_____

_____

_____

‧當失落發生時，在基本個性上、發展階段以及主要關注的層
　面上，你覺得你是誰？

_____

_____

_____

_____

‧這段經驗對你來說最痛苦的部分是什麼？

_____

_____

_____

_____

詮釋提問

．當時你對這死亡或失落事件是如何將它合理化的呢？

_____

_____

_____

_____

．對於這失落，你現在是如何解釋的呢？

_____

_____

_____

_____

．什麼樣的哲學或宗教信仰對你在調適這失落的工作上有影響？它們對你的影響是怎樣的？

_____

_____

_____

_____

加工提問

．這經驗如何影響了你對事情權衡輕重的看法？

_____

_____

_____

_____

· 這經驗如何影響了你對自己或自身整體架構的看法？

_____

_____

_____

_____

· 這個人或這失落給你有關愛的課題是什麼？

_____

_____

_____

_____

· 如果他仍然活著，或這失落沒有發生，你的生活會有什麼不
  一樣？

_____

_____

_____

_____

· 你現在對下一步有什麼打算，可以讓你覺得有幫助或走向療
  癒之路？

_____

_____

_____

_____

M 紀念書
emory Books

指示：對失去的所愛的人表達敬意的其中一個方式就是製作一本「紀念書」來捕捉他的想法、感覺，以及一些對他的回顧，可能是以剪貼簿的形式，在其中也包括了死者的紀念物或照片。不像較為開放式的個人日誌以及表達性的寫作形式，都是將焦點放在作者的個人經驗上；紀念書基本上是一種可以由多人分享甚或編彙的紀念象徵。在某方面來説，它們也像是出生或結婚紀念冊的延伸，但將焦點放在生命中最後的轉換上，而非那些第一次的事件。雖然紀念書可以依據作者的個人喜好來編輯，但若從死者的基本資料背景為開端，好比説名字、生日、出生地，以及家庭成員等。後面的幾頁就可以用不同的主題加上説明來呈現各種回憶或反思內容。例如，説明的內容會像下面的例子：

- ·我對你的最初回憶是……
- ·我最喜歡跟你在一起的時刻是……
- ·我最喜歡你的地方是……
- ·別人對你看法是……
- ·你最喜歡的活動是……
- ·你最喜歡的智慧語錄是……
- ·每當我想到你時，我……
- ·我用……來保持對你的鮮活記憶

一本實用的紀念書還應該要留很多空白頁，好讓作者依據不同的目的隨意放入內容[11]。

變通形式：在較為治療性的應用當中，這個基本設計可以擴展

用來處理模糊關係的議題，此時所使用的語言可改成如下：

- ・我對我們的關係覺得最懊惱的是……
- ・我從來沒聽你說過的是……
- ・我希望你可以聽見的是……
- ・你令我最失望的就是……
- ・我對你的記憶感到最困擾的就是……
- ・我知道當……發生時，就是我繼續向前走的時候了

　　紀念書可以由整個家庭來編彙，邀請家庭其他成員為這書貢獻一頁或一個章節，也可以由作者斟酌添加藝術作品或照片來擴充內容。有聲「書」也可以用類似的架構來編彙，在某些無法用筆描述的情境中，或需要捕捉某個人的聲音為這作業添加特別面向時，就用帶子錄下那些內容。

　　注意事項：由於這類紀念書是要與他人分享的，內容就會有些限制，尤其是有關關係的「整個故事」是很難用說的或用聽的來表達。即使是最良好的關係，基本上也還是會有些「摩擦」，而且會很難將這些記憶放入收藏「珍貴回憶」的紀念冊當中。因此，在製作這一類的紀念物時，應該是保存大量的正向關係在其中，或至少要把治療性的文字跟主體分開，將其收錄在較不易公開的部分，當做補充文件。

M隱喻畫面
etaphoric Images

指示： 有時單單的文字無法傳達我們對失落獨特的感受——可能會感到沮喪、寂寞、孤單或氣憤，但我們自己的悲傷特質多多少少是比那些標準敘述的總和還要多些。超越大眾言論的限制，有時需要用一個比較個人的方式來表達，而且要能夠在有所共鳴的圖像形式上著墨。以隱喻形式來談論自己的失落可以協助我們達到這樣的目的，有時引發令人驚奇的洞察，這是我們局限在傳統思考的「症狀判斷法」所無法觸及的部分。

範例： 在莎拉大部分童年及青少年時期的記憶裡，祖父是歡笑、靈感和力量的泉源，是她有時陷入迷惑情緒且心中一團亂時的平衡試金石。祖父往生後，莎拉的失落感十分強烈，但將這種感覺整合進她豐富的家族歷史，然後向前邁進走入成人的自我認同階段；無疑地，這是祖父會感到驕傲的地方。然而，很多年之後，她認知到這個失落仍然遺留在她內心，並形成了下面的一種隱喻，傳達出她現在是如何地帶著這個悲傷在生活。

莎拉的手提箱

我的悲傷就好像一只舊式的硬殼手提箱。它的外表是用絲質退色的酒紅材質裱裝的，有一些小小的鬆緊口袋附在邊上，可以收藏小玩意兒或珍貴的東西，在旅遊的時候將它們放在這裡會比較安全。對我來說，那就像是我們可以將「悲傷」隨身帶著走。即使我們覺得並沒有完全將行李拆裝，也還是會看到令人驚奇的東西深藏在這些小袋子中，也許是那些我們這麼多年來都還沒有想到過或看到的東西。

　　隱喻形式的一個很大優點是它可以把豐富的意義壓縮入十分經濟的表達或畫面，這又可以將焦點放在其中的元件或內涵上將意義擴大。於是，可以用它來與莎拉探索她調適失落的風格是屬於「舊式的」還是其他形式，這個用來隱喻的手提箱可能正是她祖父曾經用過的那只，於是象徵性地將她對祖父的回憶連結起來：會在哪些口袋中找到什麼樣的東西，哪些東西在失落發生的當時就「放錯了地方」以致於一直沒有被發覺等等，這些都證明了是很有價值的探索。在本章所介紹的其他練習中，這個隱喻失落的功課可以用來當做喪慟者在意義建構工作中的橋樑，由諮商師來擔任充滿尊重態度的旅遊夥伴，而非具有權威、指導他們尋找意義的領隊。

　　變通形式：如果能夠把對失落的隱喻用在喪慟者支持性團體，也是很有價值的做法，在此他們可以提供令人驚訝的私密性破冰之旅，作為日後討論的題材。如果用在團體裡的其中一場，在帶團者對畫面簡短地提出「好奇的問題」之後，它們可以以一種隱喻的方式來使團員深入瞭解到每個人的失落都是獨特的。下面的描述就是從這種團體所節錄出來的數分鐘討論。

肯亞的石頭

諮商師：肯亞，如果試著把悲傷看成是某種形式的畫面或物件
　　　　時，你會怎麼形容這個悲傷？它看來會像什麼？

　肯亞：對我來說，那就像是超重的東西，像塊大石頭或某種
　　　　岩石什麼的。

諮商師：嗯。在這畫面裡，你跟這塊石頭的關係是怎樣的呢？

　肯亞：喔，我想我應該是在它的下面吧，就好像它壓在我身
　　　　上。

諮商師：那你能夠感覺到它的重量嗎？你在這畫面中覺得自己
　　　　是怎麼樣的？

肯亞：很奇怪，但卻沒有真的感覺到它的重量……〔停頓〕。它好像……好像底部有些挖空了，你知道嗎，而我就蹲在那個洞裡。其實這並沒有什麼不好的感覺。

諮商師：那是什麼感覺？

肯亞：有一些，呃，被保護的感覺。對，好像它的大殼或什麼的，把世界隔離在外，就可以讓我一個人獨自在那兒。

諮商師：讓我們來想像一下……在這畫面裡，你看到其他人的位置在哪裡呢？

肯亞：他們都在外面，我先生、我媽，還有很多其他的人，而且他們跟我說叫我把石頭推開，還有一些人在設法橇開或抬開它。但我並不真的想要把它移開。有它在就像是有人在照顧我一樣。

諮商師：〔看看周遭團體成員〕你們其他的人對肯亞的畫面有什麼感覺？這當中有沒有任何部分使你們感到驚訝的？對於這點，有沒有任何問題想要問她？

葛瑞（另一位成員）：有，我想我的確對這畫面很驚訝。我以為她的悲傷會把她擊垮，好像我的就把我打垮了，但她看來卻好像希望把它留住。我想知道的是她是不是認為這是她永久的一部分，或未來有一天她會從那下面走出來……〔一場充滿靈性的討論於是展開了〕。

　　就像這段簡短的節錄所顯示，一些因渴望瞭解而產的好奇問題跟著出來可以為以後針對某一畫面的探究提供線索，無論是用在隱喻畫面的作者部分，或用在分享這畫面的其他人，都可以。

　　注意事項：除了一般要注意的事情，還有就是個人（而非別人）對隱喻的解讀是很重要的；應用失落圖像更進一步要注意的是隱喻本身的特質。不像文字語言那樣比較傾向於表達固定的意義，並且有穩定的對象（如果我這週處於「喪慟」狀態，那麼我下週必定還是一樣），象徵式的語言就變化多端了，完全就看怎麼說，在很細微的地方就有所改變。也因為這樣，詢問該畫面是否有任何形式的移動或變化，通常是很有幫助的；又如果有的話，是往什麼方向發展。例如，瑪莉雅描述她的悲傷是一種緊緊壓縮著她胸部與喉嚨的感覺，在此她所感受到的是身體上一種肉體的緊迫感。當要將這種感覺轉換成象徵性的表達，並辨別出與那畫面有關的任何變動時，她將其形容成一條隱形的大蟒蛇，正漸漸地使她窒息。於是這引導我們擴大了對畫面討論的工作範圍，改以深呼吸的活動練習加上自我訓練的放鬆技巧來使她產生「鬆弛感」。瑪莉雅發現這有立即的幫助，並能夠接著繼續探索失落經驗中其他的隱微面向，且過程中不再有窒息感。

我所隱喻的失落

_____

_____

_____

　　對於這畫面我的身體有什麼樣的感覺？我在這幅畫面的什麼地方？我在做什麼、想什麼，又有什麼感覺？

_____

_____

_____

　　其他人在畫面的哪裡？如果他們進入畫面，會在做什麼、想什麼，又有什麼感覺？

_____

_____

_____

_____

　　在這個畫面裡有沒有任何移動或改變的方向？如果繼續發展下去的話，它會朝哪裡去？我對這個發展方向有沒有影響？我想不想要影響它？

_____

_____

_____

_____

M 隱喻故事
etaphoric Stories

指示：有些時候，光是單一的失落隱喻就十分豐富，可以擴充成為一個短篇寓言或是隱喻故事，這不止能夠抓住個人悲傷的即時畫面，也能夠在事情發生一段時間後仍提供描述。在象徵意義上，隱喻正如同之前所說，為個人的悲傷經驗提供了一個代表性的快照，在這裡隱喻故事就好像一部失落的電影或紀錄片，以一種可以更清楚看到從前、現在及未來的方式呈現。這樣的故事可以經由一幅畫面衍生而來，以一探究竟的態度來提問，並緊追著後續的發問可以梳理出許多故事的構成要素，將其編入畫面中。

範例：史帝夫·雷恩是一位遭受喪子之慟的父親，他的孩子祥恩於1994年3月出生時，腎臟嚴重受損[12]。祥恩的一生雖然對整個家庭來說實在困難到令人絕望的地步，但他與生俱來的幽默和歡樂卻從來不曾捐棄他。史帝夫認為祥恩的出生給全家成員上了寶貴的一課，他示範了如何生活在充滿敵意的條件中，並非只是苟活而已。史帝夫的妻子凱若以及祥恩的哥哥柯霖（現已6歲）也追隨了祥恩的典範，他們全家都從他堅強的性格中感受到無比的驕傲。這孩子死於1996年5月1日，死因為腎臟移植後的併發症。史帝夫在孩子死後的日子裡，掙扎在他自己的情緒和祥恩留下的生活典範當中，兩頭擺盪。他寫了下面這段隱喻故事「三面屋」，算是捎「給他自己的訊息」，讓自己瞭解何以他要接受未來持續的生活而不留駐在渴望孩子復活的痛苦氣憤情緒裡。這篇未加修飾的故事經過他的同意，刊登如下。

三面屋
我在建造一間三面屋。

　　設計得不很好。一邊是開放的，迎向大自然，永遠都不能提供完善的遮蔽使生活免受冷風肆虐。若是四個面的屋子就好多了，但因為其中一面沒有地基，所以三面牆是我僅有可以用的。

　　現在所建造的屋子是從我從前所擁有的那個粗石屋而來。那曾經是間溫暖且堅固的房子，是我在這世界上最想待的地方。它有四面厚實的牆壁，而且，我以為，它可以禁得起最嚴厲的風暴。但是它沒有。一場超越我所能理解的暴風雨來襲，拆散了我的屋子，在我周遭留下一片殘垣斷壁。

　　我現在有些時候還是會晃到生命中的這些遺留物裡，尋找細碎的殘餘物讓我回想起當初這個地方曾經多麼地棒。但這些廢墟並不能顯示出當時曾經佇立在這裡的房子，就像河水中經過沖刷的卵石也無法描繪壯麗的大山。這些破碎的片片段段不能言說出當時這個地方所給予的溫馨感。

　　然而，想要重新把它建造起來，感覺上卻又好像有違天理。難道是因為有令人敬畏的法則命令這塊地要保持荒蕪？沒有任何新的建築可以接近原來舊建物的美。自從那場暴風雨毀滅了我的屋子，我就一直持著這些跟我有關的木條與石頭，一直承受著這失落神龕，拒絕任何需求好讓我減低一路上必定還會遇到風暴的機會。

　　但那好像就是與神龕共處的方式，紀念碑的本身就是會癱瘓我們想要碰觸的靈性視野。我們建造它來標示事件，但失去了對這些事件之後後續生活的憧憬，所以它跟我自己的哀傷記憶在一起。我現在把那些殘破的軀殼蒐集起來，就好像是在說從死亡的那一刻起，我孩子的存在真的就這樣結束了。在這個支離破碎的情境裡，我就不會忘記他已經死了。但他曾經活過的部分怎麼辦？要從這片悲戚的優勢中去抓住他生命裡的美好是多麼地困難。這坏破舊的墳塚可能正反映了我破碎的心，但它對我對兒子的記憶則是毫無損害和差別的。

　　因此我一定要重建。不是因為聽了那些旁觀者的建議，而是我需要再度有遮風避雨的地方。暴風雨在我的內心流竄，而我沒有可以躲在後面的門或牆讓我逃躲。

　　誰能夠告訴我現在像這樣要怎麼繼續建造？我沒有建築師、沒有設計三面屋的專家。為什麼又有那麼多的人好像要建議我什麼？「繼續下去啊，」他們說，十分相信地認為另一座屋子可以替代我失去的那一間。他們難道不知道，我們對原來所建的那間屋子有深厚的感情？沒有人能夠這樣愉悅地轉換住屋，而且如果我「繼續下去」的話，那麼那一部分的我就會被遺留在後面。

　　我對以消極探索為基礎，試圖建立信心的諮詢方式逐漸感到厭倦，跟我說時間可以治癒一切，好像是說，只要我等著，這些碎石會自己重新排列。有些人會願意接近我的房子，但稍後就停住並指出我必須再加上一面牆的建議，好像我可以有所選擇似的。

　　我知道我的鄰居是最希望看到我再度安全地回到家中的，但事實上，他們也同樣受著因廢墟沒人氣而影響街坊氣氛的困擾。如果我能夠即刻重建，他們就無須面對赤裸裸轟立在眼前、形貌殘酷的廢墟。隨著一層層新砌的磚，靜默地釋放了嘆息。為了加強掩飾不讓人從外在看到我困擾的證據，在把結構放到適當位置之前我就先貼上牆板並裝上百葉窗了。這外表與內裝同工的建構方式對我來說是最實用的方法嗎？我懷疑。

　　另外，也確實有一些真正的英雄們希望看著我把房子再蓋起來。他們不因這些殘骸而嚇到，對他們來說，這不是個好演的角色，因為揚起的灰塵會沾染上那些來看望我跟房子的人，而且回家都洗不掉。他們明白第四面牆已經一去不回，但他們不會因此而提出虛假的理由來說服我。他們願意跟我一起回憶當年的這間房子是如何地美好。而且他們會在我需要挪移那些大卵石的時候幫我的忙，把它們放在適當的位置上。總之他們瞭解這是件多麼困難的任

務，而且他們不會提出意見來告訴我應該要走多遠。

當我站出來看這件陳列在我面前的工作時，想要執行工作的意志其實很薄弱。建造第一間房子時就已經夠艱辛了，而我又知道這一棟將更難打造起來。我的建材就是現在躺在腳邊的這堆破爛，而我必須想辦法將它們拼裝起來；然而在工作的過程中，所有浮現的問題都糾纏著我，令我想要停止：「這三面屋究竟要它有什麼用？」

唯一的答案就是我發現它們比石頭和塵土堆砌成的墳塚要好一些。我瞭解，即使就算這個地方蓋好了，它也還是不完美。我的房子遲早要出現在鄰里社區，它看來將不再像是曾經失落或殘破。而在天氣放晴的時候，我從開放沒有牆的那一側可以抬頭仰望，更加能夠欣賞到美麗晴空，那是我曾經因失落而為悲苦所遮蔽的美景。但是當風起雲湧之時，那片沒有牆的地方就會讓我坦蕩蕩地淋雨，地板和牆壁都因強風而傾斜搖擺產生裂縫。最後，終將付出我最大的意志和努力，並完全瞭解到第四面牆對這間屋子的完整性是多麼重要的事。

如果能夠讓你明白，這就是我為什麼一定要建造的原因。我一定要重建我的生活，因為唯有在那樣的情境下，我所發出的光芒才會被看見。我必須要建造這間有瑕疵的三面屋，因為它讓我看到原來的那間還在這裡的時候，是多麼富麗堂皇。他的生命是這樣閃耀的聲明，具備特質和勇氣，如果我要讚美對他的記憶就一定要活在他的典範中。

變通形式：隱喻故事和本章所提及的一些其他應用之間的分界線必然是模糊不清的，因此媒介的混合使用多半比使用單一媒介來傳達失落感更為適切。於是也有些人發現隱喻故事可以從單一的隱喻自然地發展出來，甚或是描繪失落的畫面語言而非文字。同樣

的，散文詩對某些人來說也像是性質較為相同的形式，可用以探索他們的悲傷，好替代一般所認為的敘說方式；又有些人甚至可能創作一支具有代表性或抽象的音樂片段來表達他們的悲傷特質；將此種種作為靈感的來源以完成創作性的成品，最後還可以跟別人分享[13]。

　　注意事項：比其他隱喻形式更需注意的是，隱喻故事要以尊重的態度來面對而非讓諮商師用來跟他的案主做分析。因為這樣的故事通常代表著一種與失落有關的暫時揭露，而不是單一隱喻中較無限制的變換畫面。因此對於作者所陳述內容的限制感和供應能力要以溫和的態度來詢問，且不可魯莽急躁地暗示對方這些是可以改變或應該改變的。熟悉投射測驗〔即「主題統覺測驗」（Thematic Apperception Test）〕的諮商師可能會較為習慣地誘導這些故事，問出它們的意義所在，而不將諮商師自己的劇情結構強加在案主所提供的題材上。

跟我的失落有關的隱喻故事

_____

_____

_____

_____

_____

_____

_____

_____

　　這故事中的事件在其之前發生了什麼事？是什麼使你有了這樣
的陳述？

_____

_____

_____

_____

_____

　　從故事裡的各角色來看，這當中發生了什麼事？每個人對這故
事的經驗可能會有什麼不同？

_____

_____

_____

_____

_____

如果故事要繼續下去的話，將來有可能發生什麼事？

_____

_____

_____

_____

_____

_____

如果可能的話，在這故事裡會有什麼形態的發展？誰會支持這樣的變化方向？

_____

_____

_____

_____

_____

_____

P個人旅遊
ersonal Pilgrimage

指示：有時，失落的餘波蕩漾，而我們會想要與某人、某地或某種傳統重建持續感，這些可能是早已逐漸遠離，甚或與我們現今生活脫節的東西。例如，過去成長環境中一位長者的死亡，可能引發我們重新發現那些兒時對我們很重要，但長大成人之後卻很少去的場所。或者我們可能計畫去首善之區參訪越戰紀念碑（Vietnam War Memorial）或美國大屠殺博物館（American Holocaust Museum）來重建我們與所愛的死者或先人之間的連結，即使他們當中有些人我們可能從未謀面。在任何這一類的狀況下，喚起或產生對過往的記憶和情感都觸及我們家庭或民族歷史中屬於自己那塊地方的深層感受，此一經驗會是很深刻的。

範例：當進入40歲時，瑪莉雅心中有個聲音告訴她，她需要去尋根並將生命與她之前看來無關的歷史重新連結得更為牢固。新近離婚，有著已成年孩子的瑪莉雅，出生於美國原住民家庭，他們源自於新墨西哥州譜威布勒（pueblo）的印第安村落；在那兒的一個西南方大城中，她花了頭一年的時間追求較多的教育和工作機會。但原本所具有的許多民族文化傳統都在這段時間拋諸腦後，而剩下的卻又在另一州追求更高等教育的時候逐漸磨蝕。在那裡，她結婚生子，只是定期回娘家探視住在市區老家的父母而已。

但冥冥中，瑪莉雅的離婚使她回到新墨西哥州，不只是回父母的家，也同時回到她出生的譜威布勒，以及幾個具有文化和精神意義的遺址──有些是考古遺跡，有些則還有居民住在那裡──那是她民族歷史的代表。旅途的一開始就是個「想像的探索」，需要她與部落裡的長者共同研讀，然後搜尋並參與幾乎消失的傳統。這探索的工作雖然橫跨好幾年，且需要數個旅遊來完成，但加深了她的

精神層面，將她與傳統文化重新連結起來，並使她再度發現且培養了一套不同的價值觀與生活哲學，那是在她動盪的中產階級生活中經過「幾度遷徙，已經遺失的」東西。

變通形式：旅遊可以簡陋到只是開車回老家，或可大作文章地延伸到溯宗至老祖先的原居地。同樣地，這些活動也可很世俗地只是重返你父親曾經擁有的那間小藥局，一個孩提時代消磨了無數時光的老地方；或可以像瑪莉雅所參與的那樣慎重的探索活動。即使不可能實質到達某個意義重大的地方，但也仍然可閱讀與該民族相關，以畫面為主的歷史書籍；或搜尋報章檔案，提供個人自我認同發展過程情境裡的重要事蹟與名人，可依發生順序來查閱，這些都是可建立重新連結感的方法。無論旅遊的形式如何，它的重大意義也可以以捕捉印象、回憶及體驗而產生情感的個人日誌來擴增、加強。

注意事項：有些旅遊會是一場有趣的再發掘探險之旅，但有些可能牽涉到幻想破滅甚至心碎的地步，譬如猶太人回到奧許維次（Auschwitz）探訪集中營，而他們的祖父母就是在那裡被殺害的。基於此點，有這類的旅遊計畫時，便需要注意到旅遊本身的情緒與實際層面，比如說決定獨自出發還是跟朋友或親戚同行，個人將如何或在哪裡會產生這些反思的時刻而成為體驗過程的一部分等等。這類旅遊也需要有心裡準備，以防可能最後並未產生什麼頓悟，卻撩起更多需要解決的難題。但如果將其當做是一件編織「我們生命時光」的工作時，個人旅遊確實是個可將失落轉換成獲得的有力方式。

P 相片藝廊
Photo Gallery

指示：照片，可能是紀念物裡面最能夠生動地紀念死者生前種種的媒介了。至少在私領域和公領域上具有同等重要性的是，一方面可促進我們與逝者象徵性的連結；而另一方面可以跟大家共享與死者相關的歷歷往事。尤其是喪失子女的父母更會發現，用照片來向他人「介紹」他們死去的孩子是一件挺自在的事，並可自然而然地敘說出孩子的往事，不但使他們的記憶鮮活起來，同時也可再度證實他們身為父母的角色[14]。

用生活照片來讚頌生命並為自己保留它非凡的意義可有很多方式，小至將所愛逝者的照片放在皮夾裡或家中適合談天的環境中，大至製作比較精緻的拼貼或相簿來紀念他們的一生或我們與他們特殊的關係。當完成編輯，這份相片集錦就能夠在特殊的情境下幫助我們懷想（例如，死者的生日或忌日等），也可在追思儀式或非正式的場合中激起大家的回憶。

範例：鮑伯和珍納特尋求婚姻諮商是為了他們關係中的一些問題，包括雙方都有憤怒情緒的失控、生涯的不確定、「溝通」困難，而每週輪流來一次就只是喋喋不休的抱怨，使得他們任何一人都無所進展。在他們的爭吵中經常會提到的議題就是有關於畢優的痛苦掙扎，牠是珍納特所豢養的一隻拉布拉多獵犬，已經14歲了，牠的高齡明顯使牠陷入了極度痛苦之中，行動困難且大小便失禁。幾乎每次會談，鮑伯都會「很理智」地主張要為那隻狗進行「安樂死才是對牠最好的」（這隻狗與珍納特的關係比較久，而且可能比他自己與珍納特的關係還要顯得明朗些），但這決定對珍納特而言，反應就變得十分情緒化，並責怪鮑伯的麻木不仁。尤其是在夜間如果畢優想要爬上床與他們同睡，而又尿床時，會被生氣的鮑伯

踢下床，於是兩人的怒氣就爆發了。

　　經過無數次的協調嘗試，衝突都無法解決，後來我便詢問他們有關個人失落的經驗。令人有些驚奇的是，珍納特有兩次重要事件發生，一是幾年前在他們期望有個孩子的時候她曾經流產，這事也經過鮑伯的證實，兩人感覺相近；另一件就是第二胎的死產，鮑伯對這事的回應是同情且理解，當時他甚至還以十分純熟的技巧在孩子下葬前讓媽媽將孩子抱在懷中，為他們拍下了照片。配偶雙方對於這些事件的討論都顯得十分動容，於是我接著問鮑伯是否可以扮演類似的角色來為他們唯一「存活的孩子」——畢優做件事，就是看在牠健康不穩定且高壽的份上，幫牠和珍納特拍一些具有專業水準的照片。反過來，我大聲問珍納特是否可以用她木工的專長為畢優製作一張合適的床（要放上能夠防水的床墊！）以避免牠跟他們一起睡所產生的問題。兩人開始謹慎地討論著這個想法，並獲得共識。

　　我們的下一次會談是在兩週後，跟之前的狀況比起來真是天壤之別。在他們一向以來都保持著距離和控訴的長沙發上，兩人親密地依偎著，相互勾著手臂，平靜而驕傲地談論著他們新發現的親密感。當我問及畢優的狀況時，鮑伯回答說珍納特已經自己做了痛苦但適宜的決定，幾天之前讓狗狗接受安樂死了。珍納特接著說明那件拍照的家庭作業是「開啟這道門的鑰匙」，因為鮑伯不但為狗兒拍下了值得紀念的照片，而且還製作了完整呈現牠生命的拼貼，從牠還是小狗時在公園裡追捕飛盤到牠長大甚至老邁都包括在其中。夫妻兩人靜靜地流下幾滴眼淚並相互擁抱，交換著意見表示他們只要再來諮商會談幾次解決剩下的一些議題就可以了。

　　變通形式：我的一位同事最近編彙了一份月曆，主角是她在學齡前就往生了的兒子，每一月份的頁面放置一張兒子的照片，是他曾經在那個季節拍攝的：四月份的復活節尋彩蛋、七月份的游泳池

戲水、十月份萬聖節的打扮,還有聖誕節開心地拆禮物的情景。她在住家附近的影印店複製一套送給丈夫做禮物,對他來說,這是很溫馨的提醒,每個月都看到這個開心的小淘氣,那曾經使他們的生活如此美好,只是時間太短促了。

這次的聖誕節我也編輯了一些舊的居家影片,是我父親過世前的童年記憶,將它們轉換成錄影帶格式,拷貝一份送給我母親、姊姊和弟弟,他們已經有幾十年沒有看過這些了。這份家庭歷史的禮物尤其跟我弟弟有關,因為在這影片所標示的時間中,當時他的年齡就是他現在小兒子年齡到大兒子年齡之間的時段。科技的發展可以讓我們愈來愈有機會把所愛逝者的照片拿來利用,像是有一位喪女的父親,就把小女孩的照片掃描放進家裡的電腦,作為螢幕保護畫面,可以隨機地跳出來顯示。

注意事項:如果想要把製作相片拼貼或其他類似作品的工作當做一件功課,想要說出主角一生的「整個故事」,可能會令人感到氣餒,所以最好還是不要野心太大。由於用畫面來重新捕捉逝去的時光、表情和活動是很有力量的,因此在情緒上也就會有強烈影響,所以做這工作要量力而為、適可而止。要記得,製作以相片為主的紀念物,過程與成品是同等重要的,因此不妨暫停下來好好體味一下這種經驗,與朋友或諮商師討論你的感受,甚至還可以用日誌記錄自己這一路行來的反應和回憶,為你的作品添加另一個面向。

P 失落之詩
oetry of Loss

指示：文學語言不一定能捕捉細微的感受並形成我們對失落具有獨特感受的意義。充滿詩意的自我表達可以將公開陳述的界線向後推一些，對那些無法直言的部分象徵性地做一些修飾。撰寫個人的詩篇，不為任何讀者，只為自己，有時可以協助我們清醒片刻、證實某種情緒，或傳達某種感受，這是平鋪直敘的寫作所不能的。不用考慮對仗或押韻的問題，只要寫下幾行字能夠將你的經驗捕捉住就夠了，不需為了要跟大家分享而擔心潤飾的問題。

範例：在最近一個亮麗的秋天早晨，那是暫時放下其他責任的片刻，當漫步屋外時我體味到一陣尖銳的傷感，令人難以理解。回顧一番，我隨即追尋出這個悲傷是因為某個我所愛的人的消逝，於是坐下來寫了下面一則簡短的小詩，讚美這瞬間產生的失落感以及它所連結的關係。

> **你消逝的影子**
> **我想要與你分享**
> **今天的色彩。**
> **但在你消逝的影子裡**
> **它們褪色了**
> **我沒有機會。**

這首失落之詩可以處理得十分個人化，也可以寫成像是天下所有人都會遇到的經驗。幾乎可以用任何形式，從隱喻式的散文體到押韻的咒語，也可以闡明單一的感覺（憤怒、孤寂、希望）或摘要整個關係的重要。Nessa Rapoport於1994年出版的一本書，*A Wom-*

an's Book of Grieving（New York: William Morrow）裡面有很多文體
形式是這類詩意表達可用以參考的。

變通形式：諮商師有時可能會超脫刻板的做法來回應案主的詩
作，並感受到其竟然願意冒著風險把平日的面具摘下，將心底的聲
音以詩作釋放出來，因而深受感動。像是幾個月之前，一位年輕人
正在接受諮商師的訓練，跟我分享了一系列即興的散文詩，接著是
一段辛酸而引人落淚的過程，在訴說中他承認對自己所選的生涯有
所不安。在他的作品裡，對於自己失去了即興、愛開玩笑、真誠且
較為感性的一面而感到悲痛，這使他覺得自己被埋葬在研究所訓練
的那些時而被要求且令人窒息的自我控制、效率、警覺和高級知識
份子的養成中。原先自我的失落是逐漸形成的，但認知到這一點卻
很突然，那種力量引發了傾巢而出的情緒，要說它是某種形式的悲
傷，也十分正確。

對於他冒著風險說出這樣的感受，我深受感動並充滿感觸，寫
了一首短詩回報他的分享，試著抓住他這種掙扎的精髓，但投入了
一些富有希望的看法，是我深深覺得在他，那是可能發生的：

碎片
就像是沉睡或沉默已久的回音，
這些哭聲和啜泣仍舊輕柔地持續著，
攪亂了沉積的砂礫
那是曾經使它們消音於千層不變的約定之中。

然而，風暴和細雨磨損了它們匿藏經年的外衣
終於再度自沉睡中浮現，
為諧和的大勢提供契機，那曾經屬於它們的，
仍終將歸於原位。

注意事項：如同其他創意工作，詩意的自我表露是一種需要靠時間來磨練的技巧，也是一種可以受惠於良師益友適度地批評指教的創作活動。但在治療性的用途上就不像藝術訓練，這是不需要磨練精進以求悲傷者有效表達他們的經驗，甚或是對他人失落的回應。因此對諮商師（或當事人）來說，不要變成一個要求完美的編輯人，企圖去「改進」這件作品，而是要以探索者的角色設法進入詩作所引起之感受的內在世界，才能一探它的各個向度，這是很重要的一點。如果諮商師對於案主所述的狀況，無論是口說或寫作，還未建立起深厚的基礎，那麼鼓勵這樣的詩作分享在諮商情境來說就很不適切，應該避免。

我的失落之詩

標題：

_____

_____

_____

_____

_____

標題：

_____

_____

_____

_____

_____

標題：

_____

_____

_____

_____

_____

R閱讀反思
eflective Reading

指示：悲傷會是一個孤立且有時無法理解的經驗。正因為如此，閱讀關於別人的哀悼經驗，用一種可以幫助詮釋的方法來使悲傷的人覺得好過些，並且可以協助架構一個令人信服但又使人困惑的轉化。一些關於悲傷和失落議題的適用書籍通常都歸類為自我協助的文獻，可在比較靈性導向的書籍中看到，或是以第一人稱為主的小說或非小說類也有這一類的陳述（例如，James Agee的*A Death in the Family*，或C. S. Lewis的*A Grief Observed*）。這當中的任何一種形式都適合提供給喪慟者閱讀，只要該書與這些人偏好的閱讀層面、信仰（若有的話）及專注能力相符合便沒問題。許多的書籍和其他印刷形式的資源都在下一章有提供資料。

變通形式：在悲傷治療方面，本書特定的一些章節或其他資源都可以用來做家庭作業，然後在後面的會談中進行討論，在設計一般性支持團體的內容時，這是十分好用的策略。同樣地，團體中的成員也可能受到鼓勵而分享他們閱讀過覺得有幫助的書籍，於是可以將所有書籍編彙出一份有註解的書單，提供給有興趣閱讀的人。閱讀的功課與其他作業結合使用也很方便，例如，在設計個人儀式來紀念自己逝去的親人之前，先閱讀第6章有關儀式和紀念的內容。

注意事項：在急性悲傷的階段，喪慟者會經歷許多憂鬱症狀，包括無法集中注意力以及不易記憶等。因此，這個時期要選擇的讀物應以簡潔精短為主，好讓讀的人能夠「服下」書中的內容。本書第一部分的章節以及這一章大部分的練習都是為這一類的需求而寫的，以簡短為要。

此外也要小心，要避免用制式的或診斷的心態來處理失落，無論這些是從醫療、宗教或純粹理論角度來寫的，都要避免。例如，

大眾化的書籍經常會簡化悲傷，用假設的階段性結構加諸在個人悲傷歷程上，於是這些被視為固定模式的反應便可能被悲傷者用來判斷比較自己的歷程。因此若使用下面這些問題作為輔助工具來接觸這一類的讀物就會多一些幫助，這些問題可以由諮商師提出，並做開放式的討論，或是作為讀者自己私下的思考方向。

書名：＿＿＿＿＿＿＿＿＿＿＿＿＿＿＿＿＿＿＿＿＿＿

　・這裡所描述的悲傷跟我的失落經驗在哪一方面是相通的？

　＿＿＿＿＿＿＿＿＿＿＿＿＿＿＿＿＿＿＿＿＿＿＿＿
　＿＿＿＿＿＿＿＿＿＿＿＿＿＿＿＿＿＿＿＿＿＿＿＿
　＿＿＿＿＿＿＿＿＿＿＿＿＿＿＿＿＿＿＿＿＿＿＿＿
　＿＿＿＿＿＿＿＿＿＿＿＿＿＿＿＿＿＿＿＿＿＿＿＿
　＿＿＿＿＿＿＿＿＿＿＿＿＿＿＿＿＿＿＿＿＿＿＿＿

　・哪一方面跟我的經驗是不相符的呢？

　＿＿＿＿＿＿＿＿＿＿＿＿＿＿＿＿＿＿＿＿＿＿＿＿
　＿＿＿＿＿＿＿＿＿＿＿＿＿＿＿＿＿＿＿＿＿＿＿＿
　＿＿＿＿＿＿＿＿＿＿＿＿＿＿＿＿＿＿＿＿＿＿＿＿
　＿＿＿＿＿＿＿＿＿＿＿＿＿＿＿＿＿＿＿＿＿＿＿＿
　＿＿＿＿＿＿＿＿＿＿＿＿＿＿＿＿＿＿＿＿＿＿＿＿

　・對於失落，我在閱讀此書時學到了什麼？

　＿＿＿＿＿＿＿＿＿＿＿＿＿＿＿＿＿＿＿＿＿＿＿＿
　＿＿＿＿＿＿＿＿＿＿＿＿＿＿＿＿＿＿＿＿＿＿＿＿
　＿＿＿＿＿＿＿＿＿＿＿＿＿＿＿＿＿＿＿＿＿＿＿＿
　＿＿＿＿＿＿＿＿＿＿＿＿＿＿＿＿＿＿＿＿＿＿＿＿
　＿＿＿＿＿＿＿＿＿＿＿＿＿＿＿＿＿＿＿＿＿＿＿＿

・對於想要閱讀此書的人，我會給與什麼建議呢？

_____

_____

_____

_____

・如果我需要用一句話來整合這本書想要傳達的要點，那會是
什麼？

_____

_____

_____

_____

_____

R儀式
itualization

指示：如同本書第一部分所討論的，無論正式或非正式的失落儀式都能夠對我們生活中的重大轉折賦予意義，並且對於事件之前和之後所發生的種種給與持續感。有效的悲傷儀式可以是私下的也可以是公開的；可以是宗教形式，也可以是非宗教形式，但它們的共通處是要有某種象徵方式，可以協助我們再次確定與死者的關係，並瞭解到新的認同是我們在失落經驗裡的一項功能[15]。雖然許多喪慟者覺得在教堂中標準的禮拜儀式或文化習俗裡進行哀悼是可以接受的，但也有些人認為對這些標準儀式做些修改，或重新設計整個原始儀式，對他們特殊形態的悲傷具有重大價值。當失落並非起因於家庭中的死亡事件時，舉行個人儀式尤其適切，像第6章曾經討論過的一些非傳統的關係、角色或社會地位等而造成的「被剝奪的」失落就很適合這麼做。

範例：漢瑞，一位生性純樸的父親，健康而長壽，他與妻子在他們內布拉斯加的農場上撫育了五個孩子。當他在80多歲因心臟衰竭而突然死亡時，已經長大成人的孩子和孫兒們都回到家鄉，協助他們的母親整理東西，並把這個家變成小家庭以節省開銷。當他們在結束他打理得很好的木器店時，發現了一個雕刻了一半的盒子——上面有鳥、動物以及童玩——這是他多年來對「雕刻」的熱情最有說服力的無聲證明。靈機一動，他最大的兒子提議把這個未完成的雕刻與他其他幾個已完成的作品一起放在追思會上展示。家裡的成員，老的小的都來到這裡回想起他們的父親、祖父或兄弟生前的種種，他們把這儀式與多年來對他們意義深重的雕刻工作聯想在一起。這些作品事後便收放在一個大展示板上，並且送給漢瑞的太太做紀念，對她來說，這象徵著她丈夫最在意的事情，也是他一生

的工藝生涯中碰觸最多的東西。

變通形式：紀念儀式可以依照哀悼者的狀況以各種形式來表達，就像其他禮儀活動也可以提供紀念的機會。例如前者所說的狀況，畫面可能是在一場專業的自殺防治會議中，主辦單位用燭光祈禱來服務自殺者遺族；或是舉行紀念性公園椅或小花園的揭幕式以感謝某位師長長期對學校系所的貢獻等。後者的例子，則像是在婚禮儀式上保留一個最前排的位子給死去的父親或母親，或在聖誕節以死去孩子的名義捐贈玩具給慈善機構等。這些紀念儀式，無論哪一種，關鍵是不止要敏銳到對逝去所愛的記憶，同時也要注意生者獨特的需求與偏好。

除了如上述公開的紀念，儀式還可以有很多不同形式，例如家庭可以設計他們自己適用的家族儀式，也許是在死去孩子生日那天，工作的和上學的大家都請一天假，只是全家在一起做些愉悅的事情。或在個人方面，可以利用標準程序來為私人需求進行儀式，像是真真實實地埋葬一樣象徵性的遺物，代表受創的童年；或寫封「獨立宣言」的草稿，表達脫離一段沉重的關係[16]。由於這些小規模的紀念只需要符合幾個個體，甚至只有一個人，決定這麼做的哀悼者就可能有極大的風險需要面臨強烈的象徵性表述或是行動，這對置身事外的觀察者來說是很難理解的。

注意事項：在計畫公開紀念的儀式時，很重要的一點是切忌「保持統一的迷思」，以為單一的儀式可以同等地符合所有人需求。基於此，跟其他希望他會參加的人商量有關此儀式的計畫是滿重要的。鼓勵所有會參與的人共同集思廣益能夠推展出儀式分享的「合夥感」，在重新鞏固生者之間的關係上有增強效果。

當設計個人儀式時，尤其重要的是要評估時機和紀念形式的適切性，是否符合生者當下的需求。例如，諮商師若在不對的時機建議悲傷的案主採取象徵性行動來跟所愛的死者「說再見」，可能使

其產生抗拒並感覺被迫結束關係，而事實上只是因為時機未成熟，還需要更多的探索以感受到完成的感覺。同樣地，可以使人靈機閃現或即興提出的安排最為有效，而非只是平淡的活動，像是全家團聚共同追憶所愛逝者的種種，然後突然決定當天晚餐時來準備與大家分享死者所喜愛的一道菜餚。此外，尤其是經過一段時間後，該失落的單純活動可能會變得很不一樣，紀念儀式也能夠在笑聲與淚水中完成，挑戰了原先以為應該是一場莊嚴活動的假設。

我想要為之舉行儀式的失落是：

_____

_____

_____

我計畫要進行的儀式內容包括：

_____

_____

_____

_____

_____

_____

_____

_____

其他人（如果有的話）在這儀式中的角色是：

_____

_____

_____

_____

_____

_____

_____

U未寄出的信件
nsent Letters

指示：在失落的餘波中，治療性寫作其中最常用的就是寫一封「無法寄出的信件」，一封寫給死者的信，表達在他生前時無法說出的部分。這一類的信件用在悲傷者帶著無法與他人分享的怨恨或罪過感受時尤其有幫助，但這也會使他們全神貫注地受困於對死者滿溢的情緒中，而且還可能會引發先前間接的失落議題。雖然做法看來很簡單，但這個要人掏心挖肺寫一封不能寄出的書信的建議，無論是否能將它與正式的悲傷諮商或治療整合起來，卻被證實在治療上極為有力。

範例：凱倫的兒子肯尼經過八年艱難地對抗生理和心理上的重度障礙而過世後，她感到自己「深陷」悲慟之中達數月之久，於是來尋求悲傷治療。尤其令她擔憂的是她想「將自己與其他每個人都隔絕」。因為她說，在她兒子還活著的時候，「每個人都令她失望」。凱倫同時也受到肯尼的「半夜悄悄溜走」而困擾，那是他最後一次住院，而她卻在家裡和另一個孩子一起。罪過的感覺尤其在她決定再度約會之後變得更加強烈，那是肯尼生命中的最後一個月，她丈夫車禍喪生後的兩年，那時她每週會出門一個晚上把肯尼留在家裡請別人來照顧。雖然凱倫在前六個治療時段中有明顯的進步，但她開始意識到與兒子的「未竟事務」，於是接受了我的建議要「重新開啟與他的溝通」，也就是透過寫信來處理，下面這件治療性的「家庭作業」就是她寫給兒子的信：

親愛的肯尼：

自從你死後，我沒有一天不想到你的。你來到我的夢中、我的思緒，還有我跟別人的談話中。我看到你坐在輪椅上（昨天我們已

經把它送給別人了），拿著你的玩具來到後陽台的斜坡。但我也感覺到跟你之間的距離，好像我把什麼很難討論的東西藏在背後，即使對我自己也無法開口。你知道，我對你那樣的死感到非常罪惡。

　　我想你知道，自從你出世後我的生活有多麼艱困，但儘管如此我還是那麼地愛你。當你不舒服時，很多時候我是唯一可以安撫你的人；或當你想要拿什麼東西而困難重重無法取得時，我是唯一可以瞭解你需求的人。當你的媽媽是一天工作二十小時的事，尤其當沒有任何人可以插手幫忙時，或當他們在你抗議只要我的狀況下就趕快抽身時。只有老天知道，我是最瞭解照顧你需要多麼大精力的人，我真的不能怪他們想要走遠一點。一點一點地，你變成我的整個世界，而我也對其他的關係放手。我想這麼多年來我是這樣地筋疲力竭，讓我累到都不想再跟別人談我的想法或感覺，談任何事物都會使我更加注意到自己的孤單。然而，現在你走了，我發現孤單更甚於從前，而且我也已經把與別人相通的橋樑燒光了，他們曾經關心過我。我想我在試著揣摩，如今42歲的我要如何重新開始人生。

　　當你最後一次因肺炎住院時，我以為你會過關，就像之前那麼多次都熬過了。不知為什麼，連醫師都預期你可能活不過2歲，老天卻持續出現奇蹟，讓你每次都撿回一條命。但是併發症出現後，看來你是失去了所有可溝通的能力，也可能你甚至想說，我應該會知道就要結束了。我很抱歉，真抱歉，我的（不急救）決定是不是做錯了，但我覺得更錯的是，在你的靈魂已經準備好要離去時，還要抓著你不放。我想，我現在就是在跟這個靈魂寫信，希望它能夠諒解。

　　你可能已經離開這個屋子了，離開了你的輪椅，你的床，但你總是住在我心裡。我永遠都不離開你。

　　　　　　　　　　　　　　　　　　　　　　　愛你的媽媽

　　她寫好這封信並在治療會談中大聲讀給我聽，對凱倫來說是一段十分感動的時刻，而我也一樣。我們討論了那些令人落淚的段落（在跟他的靈魂寫信，確定永遠都不離開），還有一些是她覺得兒子會如何回應她的段落（接受並以愛回報）。同樣令人感到威力無比的是她決定寫信的這件事，這多少促使她再度向他人伸出雙手，從她突然打電話給曾經約會，但肯尼死後便不曾再見的那位男士就是個徵兆，而且她還邀請了她住在別州的母親來探視她，還有她打電話給殘障兒童機構把兒子的輪椅及其他醫療設備捐贈給他們讓其他的孩子使用。我回應凱倫向她指出這些意外行動的重點，都是在「與別人重新連結」而非「推開」他們，她也證實了這樣的說法。如她所言：「我所感覺到的壓力並不在於打那些電話，而是如何與他們保持距離。」與兒子重新連結才得以有了一條重新與世界連結的道路，這是一個會關懷他人的世界，他們瞭解她過去的篇章，也願意協助她共同撰寫未來。

　　變通形式：一封未寄出的信件經常能夠啟動後續的「通信」，接下來的信件可以在特殊紀念日時再寫，或在整個治療過程中用來追蹤喪慟者與所愛逝者之間的「關係」變化[17]。更進一步的，還可把寫給逝者的信改變成逝者寫給當事人的信，由悲傷者來執筆，請他們想像死去的所愛將如何回應他們。如果是在悲傷治療的情境中，這一類的「作業」可以再以完形治療的「空椅法」來做補充，邀請案主連續扮演自己和死者，各自從兩方面的觀點來進行被死亡事件中斷了的會談[18]。

　　這個寫信的功課還可以改成簡潔而令人感動的變化，就是到卡片店挑選一張死者會在特殊節日挑來送給你的卡片（像是母親節、你的生日等），然後把它寄給你自己。代表他來挑選與寄送卡片的行動，和收到祝福一樣是具有重大意義的作為。

　　最後，沒有任何規定說這寫信的功課只能用在一般喪慟的案

例上。例如，對於離婚或失業的情形，起草一篇個人感受的宣言或摘要自己的現狀也同樣適合，這信可能是寫給前任配偶、夥伴，或雇主。尤其是突然發生且無法掌控的分離，這一類形式的失落會遺留很多事務需要處理，而寫一封這樣的信可能是前往這個方向的跳板。

注意事項：經常會有的情形是，悲傷者和諮商師誤以為在複雜的關係中使用寫信的方式可以「結束未竟事宜」，並且可能讓當事人連同哀悼的情緒一起就此「打包」。但其實這個寫信的功課最好還是把它當做一種「重新開啟對話」的做法；而非「關閉」，用它所指陳的內容「一股腦地解決」那關係。因此，如同本章所整理的其他敘說技巧之應用一樣，它們都是為梳理複雜失落經驗提供架構的工具，並非神奇萬靈丹可以用來解除生命重大轉折所引起的、無可避免的傷痛。

最後要提醒的是這件功課的標題，是名為「未寄出」（至少沒法寄給另一個人）的信。除了少數例外，這種形式的寫作表達所具有的治療價值並非透過其他人的戳記或發表而具有加分作用，尤其是那些我們覺得自己受委屈的情況下（像是具有爭議性的離婚或非法解雇等事件）。若只想要自我療癒而不是尋求他人的回應，那麼這樣的信件就有可能幫助我們在失落所引起的一些議題上獲得個人觀點的看法，以及一些未來需要注意的議題。

結　論

　　悲傷經常被比喻為旅程，傳遞著一種一個人從一個地方進入，並經過一段荒蕪而陌生的土地，然後，順利的話，回到接近他出發的原點。在傳統的悲傷理論中，這趟旅程默默地被假設是很隱私的事情，由孤單的旅者獨自承受，他可以靠熟悉的路標來找到自己的路，這些路標顯示旅途中的每一新階段。這個制式的取向提供悲傷者一份安心且清晰的地圖，以便走過之前未曾開發的疆土，但相隨地圖而來的提醒卻說，偏離了建議的路徑，好則前途未卜，壞則走入危險的死胡同。悲傷諮商師在此一觀點下，具有旅行顧問的功能，能夠快速得知悲傷者的需求並知道輔佐的資源在哪裡，於是能夠從有限的選項指南中給與行程建議，好讓案主繼續有效地向旅途的預定目標前行。

　　而以本書所發展的意義建構模式來說，悲傷的旅程則十分不同。在這裡的觀點是，失落迫使人採取新的不受限之探索行為，且是個一開始就痛苦的世界，在這無限制的旅程中，我們是永遠無法完全回到原地的。在旅途上，遭受失落之人將會遇到無數的抉擇挑戰，有些很明顯地是芝麻小事，而其他則存有需要承擔的後果，但沒有一個挑戰是可以靠標準指南就能輕易解決的。「過去了」是個令人安慰而熟悉的普遍性路標，但「過去了」也同樣意味著我們個人旅途中的曲解與變質正是一種需要診斷或存疑、具有危險性的偏離。再說，雖然珍視每一位旅行者終極的經驗都會是一場美景的同時，此一對哀悼所採用的取向則是將重點放在為我們旅程找出方向並為之鋪路的其他加入的角色，無論這些其他角色是我們親密家人和朋友圈子裡的成員，或悲傷旅途中遇到的其他旅者。在這觀點中，悲傷諮商師也是扮演著旅途中的伴侶角色而非顧問，陪行在邊上與其分享旅程中的不確定感，而不是在這條不能預期的路途上帶

著悲傷者走向新的調適。

　　本書的一個目的就是提供一些在這片疆土上悲傷者可能會遭遇到的大樣，無論他們所遇到的失落是起因於所愛的人之死或其他生活中不受歡迎的變故等等。然而除此之外，我也試著提供一個觀點，將哀悼看做是一種意義重建的過程，是一個現代悲傷理論持續「擴增」的視野。我尤其希望在這裡所提出的想法能夠使讀者對於失落背後那些隱約的面向變得更為敏銳，這是長久以來被遮蔽在簡化模式之下的東西，而這裡的應用習題基於這些想法可以鼓勵並振奮那些走在個人悲傷旅程上的旅者。

研究筆記

1. 想要知道更多有關建構主義和敘事取向心理治療的讀者可以參考R. A. Neimeyer及M. J. Mahoney於1995年所編輯的*Constructivism in Psychotherapy*一書，由美國心理學會（American Psychological Association, Washington, DC）出版；以及J. B. Eron及T.W. Lund於1996年出版的*Narrative Solution in Brief Therapy*，由Guilford（紐約）發行，都是很有用的入門。

2. 凱若陳述生命中失落所用的其他敘事方法（像是日誌、詩作等）可在R. A. Neimeyer（1995）的'Client-generated narratives in psychotherapy'一文中看到詳細的說明，刊載於R. A. Neimeyer及M. J. Mahoney於1995年所編輯的*Constructivism in Psychotherapy*一書，由美國心理學會（American Psychological Association, Washington, DC）出版。

3. 關於這個功課，還有更為精巧的做法就是製作一份「生命回顧計畫」，在一張大卡片或大紙上標記好你生命中的每一年，然後在每一年的地方寫下重要事件。就像這裡所描述的傳記一樣，可以去請教其他人，請他們提供訊息來把細節加入，於是完成一種介於本章所描述的「章節標題」練習與完整的敘事自傳之間的成品。需要多一點臨床細節的讀者可以參考M. J. Mahoney於1991年所著的*Human Change Processes*一書，由Basic Books（紐約）出版。

較為學術取向的讀者則可能想要探索迷人的民族誌或自我民族誌之文獻起源，這是質性研究的重要脈絡之一，而這類研究是想要讓某種特定人物或族群的「文化」能夠被看見，包括各式各樣因共同失落而形成的「文化」。在Michelle Miller（1995）的文章中有很好的描述，題目為'An intergenerational case study of suicidal tradition and mother-daughter communication'，刊載於*Journal of Applied Com-*

munication Research，*23*，247-270頁；以及Dennis Klass（1997）的
'The deceased child in the psychic and social worlds of bereaved parents
during the resolution of grief'，刊載於*Death Studies*，*21*，147-175頁。
此領域較為通俗的入門是由Carolyn Ellis及Arthur Bochner於1996年所
編輯的*Composing Ethnography*一書所提供，由Alta Mira（屬於Sage出
版公司的部門之一，Walnut Creek, CA）出版。此書包含數個引人入
勝且經常令人困擾的案例，是那些作者因應各種失落的經驗，將重
點放在他們是如何重塑了對自己的認同。

　　4. 當然，死亡與失落的繪畫對一些人來說可能極具價值，像是
孩童，他們可能比較無法以語言的形式來表達細微的感受和意義。
如下面所加強的，如果能夠以一探究竟的態度來接近這些作品而不
驟下斷論，就會發現繪圖可以開啟潛藏的對話，看到即使3、4歲的
孩子也能畫出深具意義的作品。與死亡有關的藝術作品也是科學研
究的好題材，例如M.E. Tamm及A. Granqvist（1995）的'The mean-
ing of death for children and adolescents: A phenomenographic study of
drawings'就是很棒的研究，刊載於*Death Studies*，*19*，203-222頁。
這些研究者在一群瑞典學童間經過謹慎的分層抽樣，邀請了大批研
究對象來描繪「死亡」，並針對繪出的結果進行主題分析，以辨識
不同年齡層與性別差異對死亡認知的傾向。所以，雖然我在這本書
裡比較著重於實務面，但把焦點放在意義層面而非透過「客觀」症
狀的觀察去瞭解死亡與失落心理，在本質上絕不是「非科學」的做
法。

　　5. 關於將個人意義濃縮在墓誌銘上的這件功課，一則具有
啟發性的提醒正如發生在具有動人情節的名著中，即James Agee
（1938/1985）所著的*A Death in the Family*，由Bantam（紐約）發
行。其中一幕是，瑪莉正值壯年的丈夫杰伊，不久前突然於一場車
禍中喪生，在其兄弟表達弔唁時，強調著杰伊死時在生理及心理上

的堅忍實力，這使她靈機一動，於是努力在這看來似乎毫無意義的悲劇中企圖尋求意義，發自內心且誠摯地認為「這個實力」可以用來改成墓誌銘放在他的墓碑上。起先有好幾位其他家庭成員都熱切支持著此一想法，但瑪莉幾近耳聾的母親後來弄清了他們討論的要點，便質疑這麼隱私的個人意義是否適合放在如墓園那樣的公眾場合中。經過短暫的努力想要說服她母親，仍然胎死腹中，瑪莉雖然試著隱藏心中的失望，但仍舊崩潰了，還真希望她從來沒提過這檔事。很不巧的是，有時悲傷者發現了某個墓誌銘具有獨特意義，他們可能需要極力爭取，因為那個意義可能不能廣為接受與被瞭解，即使是跟他們關係親密的人也很難說。

6. 一項最重要的研究計畫證實了這令人印象深刻的說法，該研究是由James Pennebaker及他在南美以美大學（Southern Methodist University）的同僚所共同提出的。經過數十個表達性日誌的研究，指出「坦承」自己最深層的祕密具有療癒力量，即使這樁研究是在日誌作者受到匿名保護的情況下，它們還是提供了令人信服的證據。這些研究結果，再加上在宗教、世俗與實驗的環境中揭露創傷之更為寬廣的角色考量等論述，都出現在Pennebaker（1997）的 *Opening up* 一書中，由Guilford（紐約）出版。以下所提供關於使用治療性日誌的指南，就是他基本教學用的修改與延伸版。

7. 這是一本很棒的使用日誌入門書，可以促使當事人的自我覺察以及個人成長，由Tristine Rainer於1978年出版的 *The New Diary*，Tarcher（洛杉磯）發行。她在書中針對寫日誌的運用幾乎是各個方面都提供了貼切的建議，從如何選擇日記到安排個人隱私的議題，從以不同「聲音」來做實驗到為不同目的而撰寫的討論都有。此書對有興趣使用此練習的個人，或想要把這項運用整合在平日工作的專業諮商師來說，是很好用的資源。

8. 生命標記的技巧，再加上其他相關運用的培養，可以把所愛

的逝者跟我們連結起來，這在Craig Vickio（1999）的'Together in spirit: Keeping our relationships alive when loved ones die'文章中有提及，此文刊載於*Death Studies*，*23*，161-175頁。

9. 心理分析作者尤其把焦點放在與逝者關係認同的診斷上，為維持他們的哀悼模式，將此視為一個痛苦但必須的依附過度期。然而，在這個傳統模式裡的新想法則是，看到了與逝者關係有潛在的健康而正向的認同，於是也開始質疑長期以來的規則，那就是要我們與死者分離以便在別的關係中重新投入能量。關於這個「新樣貌」，George Hagman（1995）有明智的分析討論，請見他的文章'Mourning: A review and reconsideration'，刊載於*International Journal of Psycho-Analysis*，*76*，909-925頁。

10. 失落特質是指自我特質的調適方法，這是George Kelly（1995）所提出的，他的書名是*The Psychology of Personal Constructs*，由Norton（紐約）出版。我也同樣擷取了他的建議針對特定失落案例來解讀這一類的描述。讀者若有興趣想要多知道一些這技巧的使用，或其他建構主義在諮商情境中所使用的方法的話，可以考慮閱讀R. A. Neimeyer（1993）的文章'Constructivist approaches to the measurement of meaning'，刊載於G. J. Neimeyer所編輯的*Constructivist assessment*一書中，由Sage（Newbury Park）出版。

11. 在此提出的一些方法是衍生自「Cherished Memories」紀念冊的內容，此書由Grieving Well Center經銷，通訊處是P. O. Box 622256, Orlando, FL, 32862-2256。他們這以營利為目的而銷售的紀念冊做了很豪華的編排，可當做「自我照顧」策略腦力激盪之後，送給喪慟者的窩心禮物。

12. 這本書不像其他大多數臨床書籍，用小品文方塊的方式來表現案例，我對這一方面特別小心，要保護這當中提及的人不被辨識出來；而此處，史帝夫倒是真有其人。他同意把他的故事放在這

本書裡，並期望他自己能夠把身為喪慟父親的痛苦說出來跟他人分享，而且把他的信念傳遞給別人，他相信即使再痛苦，也還是有可能重建個人的生活。我也想在此公開表達我對史帝夫的感謝，謝謝他的勇氣和洞察力，也謝謝我同事兼好友Stephen Fleming，是他提醒了我有關史帝夫動人的敘述。

13.由悲傷激發的靈感創作中，特別令人感動的一個例子是生者交響樂（Survivors' Symphony）的演出，這是由死亡教育與輔導協會（Association for Death Education and Counseling, ADEC）所委辦的活動，他們邀請了一整個管弦樂團來演出Douglas Lofstrom所做的曲子。想要取得這場弦樂演出之錄音帶的讀者可打電話至(860)586-7503，或以電子郵件info@adec.org向ADEC以低價索取。

14.由Gordon Riches及Pamela Dawson（1998）所寫的一份具有說服力的質性研究報告，其中包括文件與一些延伸的資料，文章名為'Lost Children, Living Memories: The Role of Photographs in Processes of Grief and Adjustment Among Bereaved Parents'，刊載於*Death Studies*，*22*，121-140頁。儘管悲傷理論、研究者及治療師通常對於那些東西的價值是忽略的，而這兩位研究者卻生動地描述了那些照片和其他物件是如何由父母親蒐集而來，並發揮了心理上的重要功能。

15.想要一窺這個從儀式觀點所做的頗具智慧的討論，請見Bronna Romanoff及Marion Terenzio（1998）的'Ritual and the grieving process'一文，刊載於*Death Studies*，*22*，697-711頁。

16.這項建議跟治療上的敘事模式相符合，可以很有創意地利用治療師及案主所產生的信件來認可並支持案主對「主要述說」者的抗拒，那是會使他們屈從並產生不喜歡的或負面的自我認同的因素。想要看看概念上的理論及實務面的情形，請參考Michael White及David Epston於1990年所著的*Narrative Means to Therapeutic Ends*，Norton（紐約）發行。

17.像這樣持續相互通信的範例發生在一個偶然的悲傷日誌中，是由一位死去父親的年輕女子所保存，這份日誌後來給了一群研究喪慟的學者作為正式的研究資料。作者在日誌中，每一篇的開頭都用「親愛的爸爸」，而結尾用「愛你的蓉達」，生動地透露了她與記憶間的關係轉變，也是她從父親處自他死後所習得的生命課題紀錄。要看詳細資料，請參考David Balk及Laura Vesta（1998）的'Psychological development during four years of bereavement: A longitudinal case study'，刊載於*Death Studies*，*22*，23-41頁。

18.專業人士對於像這樣在悲傷案例裡的空椅法有興趣者，可與康乃狄克大學健康中心（University of Connecticut Health Center）精神科繼續醫療教育系（Dept. of Psychiatry/CME）的The Master Therapists Program連絡，詢問訂購示範錄影帶的訊息，錄影帶篇名為*Death, Loss, and Personal Reconstruction*（編號43-96, Neimeyer），學校地址是263 Farmington Avenue, Farmington, CT 06030-2945，電話：(860) 679-3789。

第**10**章

可用資源

有許多以死亡和失落為題的書籍、組織機構及網路資源可資利用，這裡包括了學術的以及應用方面的。以下羅列一些其中最好的，作為個人或專業教育上更進一步的資源運用。

專業文獻

Adams, D.W. & Deveau, E.J. (1988). *Coping with childhood cancer.* Hamilton, Ontario: Kinbrigde Publications.

Attig, T. (1996). *How we grieve: Relearning the world.* New York: Oxford University Press.

Death Studies [Professional journal covering literature in all aspects of death and bereavement]. Philadelphia: Taylor & Francis.

Doka, K. J. (1993). *Death and spirituality.* Amityville, NY: Baywood.

Doka, K. J. (1996). *Living with grief after sudden loss.* Washington: Hospice Foundation of America.

Doka, K. J. (1997). *Living with grief when illness is prolonged.* Washington: Hospice Foundation of America.

Doka, K. J. (1998). *Living with grief: Who we are and how we grieve.* Washington: Hospice Foundation of America.

Horowitz, M. J. (1997). *Stress response syndromes.* Northvale, NJ: Jason Aronson.

Journal of Personal and Interpersonal Loss [Professional journal covering a diverse literature on loss, especially from a social psychological stand point]. Philadelphia: Taylor & Francis.

Leenaars, A. A. (Ed.) (1993). *Suicidology.* Northvale, NJ: Jason Aronson.

Leenaars, A. A., Maltsberger, J.T., & Neimeyer, R.A. (Eds.) (1994). *Treatment of suicidal people.* Philadelphia: Taylor & Francis.

Neimeyer, R. A. (1997). *Death anxiety handbook.* Philadelphia: Taylor & Francis.

Nord, D. (1997). *Multiple AIDS-related loss.* Philadelphia: Taylor & Francis.

Omega: Journal of Death and Dying [Professional journal dealing with research on death attitudes, grief, and related areas]. Amityville, NY: Baywood.

Rando, T. A. (1993). *Treatment of complicated mourning.* Champaign, IL: Research Press.

Strack, S. (1997). *Death and the quest for meaning.* Northvale, NJ: Jason Aronson.

Stroebe, M.S., Stroebe, W. & Hansson, R. O. (Eds.) (1993). *Handbook of bereavement.* Cambridge, England: Cambridge University Press.

Viney, L. L. (1989). *Images of illness* (2nd ed.). Malabar, FL: Krieger.

Walsh, R. & McGoldrick, M. (Eds.) (1991). *Living beyond loss: Death in the family.* New York: Norton.

Wass, H. & Neimeyer, R. A. (Eds.). (1995). *Dying: Facing the facts.* Philadelphia: Taylor & Francis.

Worden, J. W. (1991). *Grief counseling and grief therapy.* New York: Springer.

Worden, J. A. (1996). *Children and grief: When a parent dies.* New York: Guilford.

一般讀者用書

Attig, T. (1996). *How we grieve: Relearning the world.* New York: Oxford University Press. [for adults]

Breebaart, J. & Breebaart, P. (1993). *When I die, will I get better?* New York: Peter Bedrick. [for adolescents]

Carrick, C. (1981). *The accident.* New York: Clarion. [for children]

Dodge, N.C. (1986). *Thumpy's story.* [for preschoolers]

Feinstein, D. & Elliot Mayo, P. (1990). *Rituals for living and dying.* San Francisco: Harper. [for adults]

Fraser, L. (1994)., *Water from the rock: Finding grace in time of loss.* New York: Paulist Press. [for adults]

Grollman, E. (1976). *Talking about death: A dialogue between parent and child.* Boston: Beacon. [for adults]

Harper, G. L. (1992). *Living with dying: Finding meaning in chronic illness.* Grand Rapids, MI: Eerdmans. [for adults]

Harvey, J. (1996). *Embracing their memory: Loss and the social psychology of story telling.* New York: Allyn & Bacon. [for adults]

White, E. B. (1952). *Charlotte's web.* New York: Harper & Row [for children]

網絡資源

　　由於網際網路的快速發展，大眾現在幾乎都可以從網路上獲得無限資源，以配合他們在資訊、社會支援、紀念、推薦、教育及專業上的需求。雖然這些網站不見得能夠替代人類角色來接觸無論是喪慟者本身或想要幫助他們的人，但它們對這兩種人都還是具有補給的價值。在此羅列一些比較好的網站[1]。但請注意的是網路上總是有些首頁會進進出出，也就是說此處提供的網址可能很快就會不一樣，可能被別的網站收編擴大了，或完全不見了。基於此，請以

Netscape Navigator或微軟的Internet Explorer搜尋引擎鍵入關鍵字〔例如，悲傷（grief）、自殺（suicide）、癌症（cancer）等〕，應該會看到一堆其他的相關網站，也是很有趣的。

癌症相關

癌症網（CancerNet）：http://www.ncc.go.jp/cnet.html

腫瘤連線（OncoLink）：http://www.oncolink.upenn.edu

小兒科藝廊（Pediatric Art Gallery）：http://www.oncolink.
upenn.edu/images/child/gallery3.html

與專業的線上討論如

Dr. John Grohol的心理衛生（Mental Health）網頁：http://www.
grohol.com

有多重熱連結的網址

喪慟及安寧支持網線（Bereavement and Hospice Support Net-line）：http://www.ubalt.edu/www/bereavement

悲傷網（GriefNet）：http://www.funeral.net/info/brvres.html

美國雅虎的死亡網頁（Yahoo's Death Page）：http://www.
yahoo.com/Society_and_Culture/Death

編織者（Webster）：http://www.katsden.com/death/index.html

紀念性的網站

一個向悲傷致敬的地方: http://www.webhealing.com

網路墓園（World Wide Cemetary）：http://www.interlog.com/
~cemetary

葬禮與追思

網路火葬協會（Internet cremation society）：http://www.crema-
tion.org

紀念畫廊線上採購目錄（Memorial Gallery Online Catalogue）：
http://www.grief.com/order.html

死亡教育

家族悲傷課程（Grief as a family process course）：http://www.
indiana.edu/~famlygrf/

互動喪慟課程（Interactive bereavement course）：http://www.
bereavement.or/index.html

專業資源網

美國死亡教育與輔導協會（Association for Death Education and
Counseling）：http://www.adec.org

機　構

　　以下是處理有關死亡與失落議題的一些機構，他們有各種不同
的形式，而且常常能夠提供你所在區域的專業訓練訊息、好用的出
版品以及自我協助的成長團體。

American Association of Suicidology, 2459 South Ash, Denver, CO 80222.

American Cancer Society, 1599 Clifton Road NE, Atlanta, GA 30329.

Association for Death Education and Counseling, 638 Prospect Avenue, Hart
ford, CT 06105-4298.

Centers for Disease Control, National AIDS Clearinghouse, P.O. Box 6003,
Rockville, MD 20849-6003.

Hospice Foundation of America, Suite 300, 2001 S Street, NW, Washington, DC 20009.

International Work Group on Death, Dying, and Bereavement, c/o John Morgan, King's College, 266 Epworth Avenue, London, Ontario, Canada, N6A 2M3.

National Association of People with AIDS, 1413 K Street NW, Washington, DC 20005

National Self-Help Clearinghouse, Room 620, 25 West 43rd Street, New York, NY 10036.

Pregnancy and Infant Loss Center, 1421 West Wayzata Blvd., Wayzata, MN 55391.

Society for Compassionate Friends (Bereaved Parents), P.O. Box 3696, Oak Brook, IL 60522-3696.

研究筆記

1. 這一節所列的大部分網站都是Carla Sofka（1997）的文章'Social support "internetworks," caskets for sale, and more: Thanatology and the information superhighway'摘錄而來，本文刊載於*Death Studies*，*21*，553-574頁。

附錄
台灣相關資源
Lessons of Loss: A Guide to Coping

走在失落的幽谷
悲傷因應指引手冊

專業文獻

Corr, C.A. & Balk, D.E.（2001）。死亡與喪慟——青少年輔導手冊
（吳紅鑾譯）。台北市：心理出版社。原著出版年：1996
年。

Corr, C.A. & Corr, D.M.（2001）。死亡與喪慟——兒童輔導手冊
（李閏華、張玉仕、劉靜女譯，李開敏校閱）。台北市：
心理出版社。原著出版年：1996年。

Doka, K.J.（2002）。與悲傷共渡——走出親人遽逝的喪慟（許玉
來、成蒂、林方晧、陳美琴、楊筱華、葛書倫、呂嘉惠
譯）。台北市：心理出版社。原著出版年：1996年。

Kennedy, A.（2003）。生死一線牽——超越失落的關係重建
（張淑美、吳慧敏譯）。台北市：心理出版社。原著出版
年：2001年。

Worden, J.W.（2004）。悲傷輔導與悲傷治療——心理衛生實務工
作者手冊（李開敏、林方晧、張玉仕、葛書倫譯）。台北
市：心理出版社。原著出版年：2001年。

一般讀者用書

蘇絢慧 （2003）。請容許我悲傷。台北市：張老師文化。

Goldman, L.（2001）。打破沉默（陳重仁譯）。台北市：張老師文
化。原著出版年：1996年。

Kolf, J.C.（2002）。此刻有你真好——陪伴悲傷者走過哀痛（劉育
　　林譯）。台北市：張老師文化。原著出版年：1999年。

Rofes, E.E.（1997）。與孩子談死亡（洪瑜堅譯）。台北市：遠流出
　　版公司。原著出版年：1985年。

網路資源

癌症相關

德桃癌症資訊網： http://www.cancer.org.tw/

溪湖安寧療護網： http://www.hospice.com.tw/

悲傷輔導相關專業網站

悲傷療癒花園： http://www.ntcn.edu.tw/DEP/ntcndeed/GHG/index.htm

紀念性的網站

921災後重建，再造新故鄉： http://921.yam.com/

葬禮與追思

銀河網路追思堂： http://ap.iwant-in.net/miss/index.asp

網路追思納骨塔： http://www.30x30.com.tw/miss/index.asp

貝吉塔（紀念嬰靈網站）： http://www.imybaby.net/

專業資源網

教育部生命教育學習網： http://life.edu.tw/homepage/091/new-page-2.php

自殺防治網： http://www.jtf.org.tw/suicide-prevention/

機構

台灣失落關懷與諮商協會／

11147台北市士林區忠誠路2段46-1號，電話：（02）2822-7101分
機3257（暫時用線），網址：http://tw.myblog.yahoo.com/
caring-for-loww

國立台北護理學院生死教育與輔導研究所／

112台北市北投區明德路365號親仁樓B513室，電話：（02）
2822-7101分機3251，網址：http://www.ntcn.edu.tw/DEP/
ntcndeed/index.htm

財團法人中華民國兒童癌症基金會／

110台北市青島西路11號6樓，電話：（02）2389-6221, 2331-
9953，網址：http://ccf.wingnet.com.tw/

安寧照顧基金會／

251台北縣淡水鎮民生路45號，電話：（02）2808-1130，網址：
http://www.hospice.org.tw/chinese/index.php

台灣安寧照顧協會／

251台北縣淡水鎮民生路45號，電話：（02）2808-1585，網址：
http://www.tho.org.tw/

台灣安寧緩和醫學學會／

251台北縣淡水鎮民生路45號，電話：（02）2808-3219分機14，網
址：http://www.hospicemed.org.tw/

財團法人佛教蓮花臨終關懷基金會／

103台北市大同區承德路三段230號4樓，電話：（02）2596-
1212，網址：http://www.lotushcf.org.tw/

財團法人天主教康泰醫療教育基金會／

106台北市大安區羅斯福路三段245號8樓，電話：（02）2365-7780，
網址：http://www.kungtai.org.tw/index.php

行政院衛生署自殺防治中心／

103台北市大同區鄭州路40號3樓，電話：（02）2555-0500，網址：
     http://www.tspc.doh.gov.tw/tspc/portal/home/index.jsp

馬偕醫院自殺防治中心／

104台北市中山區中山北路二段92號5樓馬偕醫院自殺防治中心，
     電話：（02）2523-6231，網址：http://www.mmh.org.tw/
     taitam/sudc/index.htm

中華生死學會／

220台北縣板橋市民生路三段30號27樓之2，網址：http://www.ncsld.
     org/

附　錄
台灣相關資源

國家圖書館出版品預行編目資料

走在失落的幽谷——悲傷因應指引手冊／
Robert A. Neimeyer 著；章薇卿譯. --初版. --
臺北市：心理，2007（民 96）
　　面；　公分. --（心理治療系列；22080）
參考書目：面

譯自：Lessons of loss : a guide to coping
ISBN 978-986-191-030-7（平裝）

1.失落

176.5　　　　　　　　　　　　　　96011367

心理治療系列 22080
走在失落的幽谷——悲傷因應指引手冊

作　　　者：Robert A. Neimeyer
校 閱 者：林綺雲、李玉嬋
譯　　　者：章薇卿
執行編輯：李　晶
總 編 輯：林敬堯
發 行 人：洪有義
出 版 者：心理出版社股份有限公司
地　　　址：231026 新北市新店區光明街 288 號 7 樓
電　　　話：(02) 29150566
傳　　　真：(02) 29152928
郵撥帳號：19293172 心理出版社股份有限公司
網　　　址：https://www.psy.com.tw
電子信箱：psychoco@ms15.hinet.net
排 版 者：菩薩蠻數位文化有限公司
印 刷 者：博創印藝文化事業有限公司
初版一刷：2007 年 7 月
初版六刷：2023 年 8 月
I S B N：978-986-191-030-7
定　　　價：新台幣 280 元